【晋】杜　預撰　【唐】陸德明　音義

年表【□】□　□撰　名號歸一圖【後蜀】馮繼先　撰

武英殿仿
相臺岳氏本五經
春秋經傳集解

四

上海古籍出版社

本册目録

春秋經傳集解襄公五第十八 盡二十八

傳會于夷儀之歲。齊人城郟。在二十四年。不直言會夷儀者。別二十五年夷儀會。○郟古洽反其五月。秦晉爲成。晉韓起如秦涖盟。秦伯車如晉涖盟。伯車。秦伯之弟鍼也。○鍼其廉反成而不結。不結固也。傳爲後年脩成起本。當繼前年之末。而特跳此者。傳寫失之

經二十六年。春。王二月。辛卯。衛甯喜弒其君

剽。（剽匹妙反）

衛孫林父入于戚以叛。（衎雖未居位。林甫專邑背國。猶爲叛也）

甲午。衛侯衎復歸于衛。（復其位曰復歸。名與不名。傳無義例）

夏。晉侯使荀吳來聘。（吳。荀偃子）

公會晉人鄭良霄宋人曹人于澶淵。（卿會公侯皆應貶。方責宋向戌後期。故書良霄以駭之。若皆稱人。則嫌向戌直以會公貶之。澶市延反駭邦角反）

秋。宋公殺其世子痤。（稱君以殺。惡其父子相殘害。痤才何反惡烏路反）

晉人執衛甯喜。八月。壬午。許男甯卒于楚。（未同盟而赴以名）

冬。楚子蔡侯陳侯伐鄭。葬許靈公。

傳。二十六年。春。秦伯之弟鍼如晉脩成。脩會夷儀歲之成。叔向命召行人子貟。欲使荅秦命。○(貟)音云。行人子朱曰朱也當御。御。進也。言次當行。三云叔向不應。子朱怒曰班爵同。同爲大夫。何以黜朱於朝。黜。退也。撫劒從之。從叔向也。叔向曰秦晉不和久矣今日之事幸而集。集。成。晉國賴之不集三軍暴骨子貟道二國之言無私子常易之姦以事君者。吾所能御也拂衣從之。拂衣。襃裳也。○(暴)蒲卜反(御)魚呂反。人救之乎公曰晉其庶乎（庶幾於治）吾臣之所爭者大師曠曰公室懼卑臣不心競而力爭（謂二子不心競爲忠而撫劒拂衣）不務德而爭善（爭謂所行爲善）私欲已侈能無卑乎（私欲侈則公義廢○侈昌氏反）衛獻公使子鮮爲復（使爲已求反國○鮮音仙爲于僞反注同）辭（辭不能）敬姒強命之（敬姒獻公及子鮮之母○強其丈反）對曰君無信臣懼不免敬姒曰雖然以吾故也許諾初獻公使與甯喜言（言復國）甯喜曰必子鮮在不然必敗（子鮮賢國

人信之。必欲使在其間故公使子鮮。子鮮不獲命於敬姒不得止命以公命與甯喜言。曰苟反。政由甯氏。祭則寡人。甯喜告蘧伯玉。伯玉曰瑗不得聞君之出。敢聞其入。十四年孫氏欲逐獻公。瑗走從近關出。○瑗于眷反遂行。從近關出。告右宰穀。衛大夫右宰穀曰。不可。獲罪於兩君。前出獻公。今弒剽天下誰畜之。畜猶容也○畜許六反悼子曰吾受命於先人。不可以貳。悼子。甯喜也。受命在二十年穀曰。我請使焉而觀之。觀知可還否。○

乾隆四十八年

使所吏反還音環遂見公於夷儀反曰君淹恤在外十二年矣淹久也而無憂色亦無寬言猶夫人也言其爲人猶如故。夫音扶若不已死無日矣已止也悼子曰子鮮在右宰穀曰子鮮在何益多而能亡於我何爲言子鮮爲義多不過亡出悼子曰雖然弗可以已孫文子在戚孫嘉聘於齊孫襄居守二子孫文子之子二月庚寅甯喜右宰穀伐孫氏不克伯國傷伯國孫襄也父兄皆不在故乘弱攻之甯子出舍於郊欲奔伯國死孫氏夜哭國人召甯子甯子復攻孫氏克之辛卯殺子叔及大子角子叔衛侯剽言子叔剽無謚故書曰甯喜弒其君剽言罪之在甯氏也嫌受父命納舊君無罪故發之孫林父以戚如晉以邑屬晉書曰入于戚以叛罪孫氏也臣之祿君實有之義則進否則奉身而退專祿以周旋戮也林父事剽而衎入義可以退唯以專邑自隨爲罪故傳發之甲午衛侯入書曰復歸國納之也本晉納之夷儀今從夷儀入國嫌若晉所納故發國納之

例。言國之所納而復其位大夫逆於竟者。執其手而與之言。道逆者。自車揖之。逆於門者。頷之而已。頷。搖其頭。言衎驕心易生。○竟音境。頷戶感反。公至。使讓大叔文子曰。寡人淹恤在外。二三子皆使寡人朝夕聞衛國之言。二三子。諸大夫。吾子獨不在寡人。在。存問之。公聞文子荅甯喜之言。故忿之。古人有言曰。非所怨勿怨。寡人怨矣。所怨在親親。對曰。臣知罪矣。臣不佞。不能負羈紲以從扞牧圉。臣之罪一也。有出者。有居者。

出謂衍。居謂剩也。○綫息列反。扞戶幹反。臣不能貳通外內之言以事君。臣之罪二也。有二罪。敢忘其死。乃行。從近關出。公使止之。傳言衛侯不能安和大臣。衛人侵戚東鄙。以林父叛故。孫氏愬于晉。晉戍茅氏。茅氏。戚東鄙。殖綽伐茅氏。殺晉戍三百人。殖綽。齊人。今來在衛。孫蒯追之。弗敢擊。文子曰。厲之不如。厲。惡鬼也。遂從衛師。敗之圉。蒯。戚父言。更還。逐殖綽。圉。衛地。雍鉏獲殖綽。雍鉏。孫氏臣。復愬于晉。爲下晉討衛張本。鄭伯賞入陳之功。入陳在前年三月甲寅朔享子展賜之先路三命之服先路次路皆王所賜車之揔名蓋請之於王先八邑以路及命服爲邑先八邑三十二井○先悉薦反賜子產次路再命之服先六邑子產辭邑曰自上以下隆殺以兩禮也臣之位在四上卿子展次卿子西十一年良霄見經十九年乃立子產爲卿故位在四○殺所界反且子展之功也臣不敢及賞禮請辭邑賞禮以禮見賞謂六邑也公固予之乃受三邑位次當受二邑以公固與之故受三邑公孫揮曰子產其將知政矣

知國政讓不失禮。晉人爲孫氏故。召諸侯將以討衛也。夏。中行穆子來聘。召公也。召公爲澶淵會楚子。秦人。侵吳。及雩婁。聞吳有備而還。雩婁今屬安豐郡。婁如字。徐力俱反遂侵鄭。五月。至于城麇。鄭皇頡戍之。皇頡。鄭大夫。守城麇之邑。麇九倫反頡戶結反出與楚師戰。敗。穿封戍囚皇頡。公子圍與之爭之。公子圍。共王子靈王也。戍音恤正於伯州犂。正曲直也伯州犂曰。請問於囚。乃立囚。伯州犂曰。所爭君子也。其何不知言王子圍及穿封戌。皆非細人。易別識也。上其手曰。夫子爲王子圍。寡君之貴介弟也。介。大也。下其手曰。此子爲穿封戌。方城外之縣尹也。誰獲子。上下手以道囚意囚曰。頡遇王子弱焉。弱。敗也。言爲王子所得戌怒抽戈逐王子圍。弗及。楚人以皇頡歸。印堇父與皇頡戍城麇。印堇父。鄭大夫楚人囚之。以獻於秦。鄭人取貨於印氏。以請之。子大叔爲令正。主作辭令之正以爲請。子產曰。不獲。謂大叔辭以貨請堇父。必不得。○爲去聲受楚之功而取貨於鄭不可謂國秦不其然受楚獻功。大名也。以貨免之。小利。故謂秦不爾若曰拜君之勤鄭國微君之惠楚師其猶在敝邑之城下其可辭如此。堇父可得弗從遂行秦人不予更幣從子產而後獲之更遣使執幣。用子產辭。乃得堇父。傳稱子產之善六月公會晉趙武宋向戌鄭良霄曹人于澶淵以討衛疆戚田正戚之封疆取衛西鄙懿氏六十以與孫氏戚城西北五十里有懿城。因姓以名城。取田六十井也趙武不書尊公也罪武會公侯向戌不書後也後會期鄭先宋不失所也如期至於是衛侯會之晉將執之不得與會故不書晉人執甯喜北宮遺使女齊以先歸討其弑君伐孫氏也遺北宮括之子女齊司馬侯歸晉而後告諸侯故經書在秋○女音汝衛侯如晉晉人執而囚之於士弱氏士弱晉主獄大夫秋七月齊侯鄭伯爲衛侯故如晉欲共請之晉侯兼享之晉侯賦嘉樂嘉樂詩大雅取其嘉樂君子顯顯令德宜民宜人受祿于天○嘉戶嫁反國景子相齊侯景子國弱賦蓼蕭蓼蕭詩小

雅。言犬平澤及遠。若露之在蕭。以喻晉君恩澤及諸侯○蓼音六子展相鄭伯。賦緇衣。緇衣詩鄭風。義取適子之館兮。還予授子之粲兮。言不敢違遠於晉叔向命晉侯拜二君。曰。寡君敢拜齊君之安我先君之宗祧也。敢拜鄭君之不貳也蓼蕭緇衣二詩所趣各不同。故拜二君辭異國子使晏平仲私於叔向私與叔向語曰。晉君宣其明德於諸侯。恤其患而補其闕。正其違而治其煩。所以爲盟主也。今爲臣執君。若之何謂晉爲林父執衛侯叔向告趙文子。

文子以告晉侯。晉侯言衛侯之罪，使叔向告二君。言自以殺晉戍三百人爲罪，不以林父故。國子賦轡之柔矣，逸詩。見周書。義取寬政以安諸侯，若柔轡之御剛馬。子展賦將仲子兮。將仲子，詩鄭風。義取衆言可畏，衛侯雖別有罪，而衆人猶謂晉爲臣執君。○將，七羊反。晉侯乃許歸衛侯。叔向曰：鄭七穆，罕氏其後亡者也，子展儉而壹。子展，鄭子罕之子。居身儉而用心壹。鄭穆公十一子，子然、二子孔三族已亡，子羽不爲卿，故唯言七穆。○鄭七穆，謂子展，公孫舍之，罕氏也；子西，公孫夏，駟氏也；子產，公孫僑，國氏也；伯有，良霄，良氏也；子大叔，游吉，游氏也；子石，公孫段。豐氏也。伯石。印段。印氏也。穆公十一子。謂子良。公子去疾也。子罕。公子喜也。子駟。公子騑也。子國。公子發也。子孔。公子嘉也。子游。公子偃也。子豐也。子印也。子羽也。子然也。士子孔也。子然。二子孔。巳亡。子羽不爲卿。故止七也。初宋芮司徒生女子。芮司徒宋大夫。○芮如銳反赤而毛弃諸堤下共姬之妾取以入共姬。宋伯姬也。名之曰弃長而美平公入夕平公。共姬子也。○長丁丈反共姬與之食公見弃也而視之尤尤。甚也。姬納諸御嬖生佐佐。元公惡而婉佐貌惡而心順大子痤美而很貌美而心很戾。○很胡懇反合左師畏而惡之合左師向戌○惡烏路反寺人惠牆伊戾爲大子內師而無寵惠牆氏伊戾名秋楚客聘於晉過宋上已有秋復發傳者中間有初不言秋則嫌楚客過在他年大子知之請野享之公使往伊戾請從之公曰夫不惡女乎夫謂大子也○夫音扶女音汝對曰小人之事君子也惡之不敢遠好之不敢近敬以待命敢有貳心乎縱有共其外莫共其內伊戾爲大子內師不行恐內侍廢闕○遠于萬反好呼報反臣請往也遣之至則歃用牲

加書徵之詐作盟處爲大子反。徵驗也。○欿口感反而騁告公騁馳也。○騁勅景反曰。大子將爲亂。既與楚客盟矣。公曰。爲我子。又何求。對曰。欲速。言欲速得公位公使視之。則信有焉。有盟徵也問諸夫人與左師。夫人。佐母弃也則皆曰。固聞之。公囚大子。大子曰。唯佐也能免我。以其婉也召而使請。曰。日中不來。吾知死矣。左師聞之。聒而與之語。聒讙也。欲使佐失期。○讙呼端反過期。乃縊而死。佐爲大子。公徐聞其無罪也。乃亨伊戾。左師見夫人之步馬者步馬。習馬。○縊一賜反亨普彭反問之。對曰。君夫人氏也。左師曰。誰爲君夫人。余胡弗知。圉人歸以告夫人。夫人使饋之錦與馬。先之以玉以玉爲錦馬之先。○先悉薦反。又如字曰。君之妾弃使某獻。左師改命曰。君夫人。而後再拜稽首受之左師令使者改命也。傳言宋公闇。左師諛。大子所以無罪而死鄭伯歸自晉請衛侯歸使子西如晉聘。辭曰。寡君來煩執事。懼不免於戾言自懼失敬於大國而得罪使夏謝不敏夏子西名君子曰善事大國將求於人必先下之言鄭所以能自安初楚伍參與蔡大師子朝友其子伍舉與聲子相善也聲子子朝之子伍舉子胥祖父椒舉也○朝如字伍舉娶於王子牟王子牟爲申公而亡獲罪出奔楚人曰伍舉實送之伍舉奔鄭將遂奔晉聲子將如晉遇之於鄭郊班荆相與食而言復故班布也布荆坐地共議歸楚事朋友世親聲子曰子行也吾必復子及宋向戌將平晉楚平在明年聲子通使於

晉爲國通平事還。如楚。令尹子木與之語。問晉故焉故事且曰。晉大夫與楚孰賢。對曰。晉卿不如楚。其大夫則賢。皆卿材也。如杞梓皮革。自楚往也杞梓皆木名雖楚有材。晉實用之言楚亡臣多在晉子木曰。夫獨無族姻乎夫謂晉對曰。雖有。而用楚材實多。歸生聞之歸生聲子名善爲國者。賞不僭而刑不濫。賞僭則懼及淫人。刑濫則懼及善人。若不幸而過。寧僭無濫。與其失善。寧其利淫。無善人。則國從之。從之亡也詩曰。人之云亡。邦國殄瘁。無善人之謂也。詩大雅。殄。盡也。瘁。病也。故夏書曰。與其殺不辜。寧失不經。懼失善也。逸書也。不經。不用常法商頌有之曰。不僭不濫。不敢怠皇。命于下國。封建厥福。詩商頌。言殷湯賞不僭差。刑不濫溢。不敢怠解自寬暇。故能為下國所命為天子此湯所以獲天福也。古之治民者。勸賞而畏刑。樂行賞而憚用刑恤民不倦。賞以春夏。刑以秋冬。順天時是以將賞。為之加膳。加膳則飫賜，飫，饜也。酒食賜下，無不饜足。所謂加膳也。此以知其勸賞也。將刑，爲之不舉，不舉則徹樂，不舉盛饌。此以知其畏刑也。夙興夜寐，朝夕臨政，此以知其恤民也。三者，禮之大節也。有禮無敗。今楚多淫刑，其大夫逃死於四方，而爲之謀主，以害楚國，不可救療，所謂不能也。療，治也。所謂楚人不能用其材也。子儀之亂，析公奔晉，在文十四年。晉人寘諸戎車之殿，以爲謀主。殿，後軍。○殿，多練反。繞角之役，晉將遁矣。析公曰。楚師輕窕。易震蕩也。若多鼓鈞聲。以夜軍之（鈞同其聲。○窕，勑堯反。又通弔反）楚師必遁。晉人從之。楚師宵潰。晉遂侵蔡。襲沈。獲其君。敗申息之師於桑隧。獲申麗而還。（成六年。晉欒書救鄭。與楚師遇於繞角。楚師還。晉侵沈。獲沈子。八年復侵楚。敗申息。獲申麗。○麗，力馳反）鄭於是不敢南面。楚失華夏。則析公之爲也。雍子之父兄譖雍子。君與大夫不善是也。（不是其曲直）雍子奔晉。晉人與之鄐（鄐，晉邑。○鄐，許六反。又超六反）以爲謀主。彭城之役。晉楚遇於靡角之谷（在成十八年）晉將遁矣。雍子發命於軍曰。歸老幼。反孤疾。二人役。歸一人。簡兵蒐乘（簡。擇。蒐。閱）秣馬蓐食。師陳焚次（次。舍也。焚舍。示必死。○陳直覲反）明日將戰。行歸者而逸楚囚（欲使楚知之）楚師宵潰。晉降彭城而歸諸宋。以魚石歸（在元年。○降戶江反）楚失東夷。子辛死之。則雍子之為也（楚東小國及陳見楚不能救彭城。皆叛。五年。楚人討陳叛故。殺令尹子辛）子反與子靈爭夏姬（子靈。巫臣）而雍害其事子反亦雍害巫臣。不使得取夏姬。○雍於勇反子靈奔晉。晉人與之邢邢晉邑以爲謀主。扞禦北狄。通吳於晉。教吳叛楚。教之乘車射御驅侵。使其子狐庸爲吳行人焉。吳於是伐巢。取駕。克棘。入州來。駕。棘。皆楚邑。譙國酇縣東北有棘亭。○譙在遥反。酇才多反。又子旦反楚罷於奔命。至今爲患。則子靈之爲也。事見成七年。○罷音皮若敖之亂。伯賁之子賁皇奔晉。晉人與之苗若敖亂在宣四年。苗晉邑。○賁扶云反以爲謀主。鄢陵之役在成十六年。○鄢音偃楚晨壓晉軍而陳。晉將遁矣。苗賁皇曰。楚師之良在其中軍王族而已言楚之精卒。唯在中軍。○陳直覲反若塞井夷竈。成陳以當之塞井夷竈。以爲陳欒范易行以誘之欒書時將中軍。范燮佐之。易行。謂簡易兵備。欲令楚貪己。不復顧二穆之兵。○易以豉反。又音亦。行戶郎反。又音衡中行二郤必克二穆郤錡時將上軍。中行偃佐之。郤至佐新軍。令此三人。分良以攻二穆之兵。楚子重。子辛皆出穆王。故曰二穆。○錡魚綺反吾乃四萃於其王族。必大敗之四萃。四面集攻之晉人從之。楚師大敗。

王夷師熸夷傷也吳楚之閒謂火滅爲熸○熸子潛反子反死之鄭叛吳興楚失諸侯則苗賁皇之爲也子木曰是皆然矣聲子曰今又有甚於此椒舉娶於申公子牟子牟得戾而亡君大夫謂椒舉女實遣之懼而奔鄭引領南望曰庶幾赦余亦弗圖也言楚亦不以爲意今在晉矣晉人將與之縣以比叔向以舉材能比叔向彼若謀害楚國豈不爲患子木懼言諸王益其祿爵而復之聲子

使椒鳴逆之。椒鳴，伍舉子。傳言聲子有辭。伍舉所以得反，子孫復仕於楚。
許靈公如楚，請伐鄭，十六年晉伐許，他國皆大夫，獨鄭伯自行，故許
恚。欲報之。○恚，一睡反。曰：「師不興，孤不歸矣。」八月，卒于
楚。楚子曰：「不伐鄭，何以求諸侯？」冬，十月，楚子
伐鄭。爲許。鄭人將禦之。子產曰：「晉楚將平，諸侯
將和，和在明年。楚王是故昧於一來。昧猶貪冒。不如使
逞而歸，乃易成也。逞，快也。夫小人之性，釁於勇，
嗇於禍，以足其性而求名焉者，非國家之利

武英殿仿宋本 春秋十八 十五

襄二十六年

也。若何從之釁。動也。嗇。貪也。言鄭之欲與楚戰者。皆釁勇嗇名之人。非能爲國計慮久利。不可從也。○【釁】許覲反。足子住反。又如字子展說。不禦寇。十二月乙酉。入南里。墮其城南里。鄭邑。○【說】音悅【墮】許規反涉於樂氏樂氏。津名門于師之梁鄭城門縣門發。獲九人焉。涉于氾而歸於氾城下。涉汝水南歸。○【縣】音懸【氾】音凡而後葬許靈公卒靈公之志而後葬之衛人歸衛姬于晉。乃釋衛侯衛侯以女說晉。而後得免君子是以知平公之失政也傳言晉之衰晉韓宣子聘于周。王使請事。

問何事來聘對曰晉士起將歸時事於宰旅。無他事矣起，宣子名。禮，諸侯大夫入天子國稱士。時事，四時貢職。宰旅，冢宰之下士。言獻職貢於宰旅，不敢斥尊。王聞之曰。韓氏其昌阜於晉乎。辭不失舊阜，大也。傳言周衰，諸侯莫能如禮。唯韓起不失舊。齊人城郟之歲在二十四年。其夏。齊烏餘以廩丘奔晉烏餘，齊大夫。廩丘，今東郡廩丘縣故城是。襲衛羊角取之今廩丘縣所治羊角城是。遂襲我高魚高魚城在廩丘縣東北。有大雨。自其竇入雨。故水竇開。○竇，音豆。介于其庫入高魚庫而介其甲以登其城克而取之取魯高魚。無所諱而不書。其義未聞又取邑于宋。於是范宣子卒宣子范匄諸侯弗能治也。及趙文子爲政。乃卒治之。文子言於晉侯曰。晉爲盟主。諸侯或相侵也。則討而使歸其地。今烏餘之邑。皆討類也言於比類宜見討而貪之。是無以爲盟主也。請歸之。公曰。諾。孰可使也。對曰。胥梁帶能無用師。晉侯使往胥梁帶。晉大夫。能無用師。言有權謀

經。二十有七年。春。齊侯使慶封來聘景公即位。通嗣

君也

夏，叔孫豹會晉趙武、楚屈建、蔡公孫歸生、衛石惡、陳孔奐、鄭良霄、許人、曹人于宋。案傳，會者十四國。齊、秦不交相見，邾、滕爲私屬，皆不與盟。宋爲主人，地於宋則與盟可知。故經唯序九國大夫。楚先晉歃，而書先晉，貴信也。陳于晉會，常在衛上。孔奐非上卿，故在石惡下。○〔奐〕呼亂反。〔先〕悉薦反。又如字。

衛殺其大夫甯喜。甯喜弑剽立衎，衎今雖不以弑剽致討，於大義宜追討之。故經以國討爲文，書名也。書在宋會下，從赴。

衛侯之弟鱄出奔晉。衛侯始者云「政由甯氏，祭則寡人」，而今復患其專，緩荅免餘，既負其前信，且不能友于賢弟，使至出奔，故書弟以罪兄。○〔鱄〕市轉反，又音專。

秋七月。辛巳。豹及諸侯之大夫盟于宋夏會之大夫也。豹不倚順。以顯弱命之君。而辨小是以自從。故以違命貶之。釋例論之備矣冬。

十有二月。乙亥朔。日有食之今長歷推十一月朔。非十二月。傳曰。辰在申。再失閏。若是十二月。則爲三失閏。故知經誤

傳二十七年。春。胥梁帶使諸喪邑者。具車徒以受地。必周諸喪邑。謂齊魯宋也。周。密也。必密來。勿以受地爲名。○喪息浪反使烏餘具車徒以受封烏餘以地來。故詐許封之烏餘以其衆出出受封使諸侯僞效烏餘之封者詐致

也。使齊魯宋僞若致邑封鳥餘者而遂執之盡獲之皆獲其徒衆皆取其邑而歸諸侯諸侯是以睦於晉傳言趙文子賢。故平公雖失政。而諸侯猶睦齊慶封來聘其車美孟孫謂叔孫曰慶季之車不亦美乎季。慶封字叔孫曰。豹聞之服美不稱必以惡終美車何爲叔孫與慶封食不敬爲賦相鼠亦不知也相鼠詩鄘風。曰。相鼠有皮。人而無儀。人而無儀。不死何爲慶封不知此詩爲己言其闇甚爲明年慶封來奔傳。○稱尺證反鄘音容衛甯喜專公患之公孫免餘請殺之（免餘，衛大夫）公曰：微甯子不及此（及此，反國也）吾與之言矣（言政由甯氏）事未可知（恐伐之未必勝）祗成惡名，止也（祗，適也。祗音支）。對曰：臣殺之，君勿與知。乃與公孫無地、公孫臣謀（二公孫，衛大夫。勿與音預）使攻甯氏，弗克，皆死（無地及臣皆死）。公曰：臣也無罪，父子死余矣（獻公出時，公孫臣之父爲孫氏所殺）。夏，免餘復攻甯氏，殺甯喜及右宰穀，尸諸朝（穀不書，非卿也）。石惡將會宋之盟，受命而出，衣其尸，枕之股而哭之，欲斂以亡懼不免且曰受命矣乃行行會于宋爲明年石惡奔傳○衣於既反枕之鴆反子鮮曰逐我者出謂孫林父納我者死謂甯喜賞罰無章何以沮勸君失其信而國無刑不亦難乎難以治國且鱄實使之使甯喜納君遂出奔晉公使止之不可不肯留及河又使止之止使者而盟於河誓不還託於木門木門晉邑不鄉衛國而坐怨之深也○鄉許亮反木門大夫勸之仕不可曰仕而廢其事罪也從之昭吾所以出

也。將誰懟乎（從之。謂治其事也。事治則明己出欲仕。無所自懟）吾不可以立於人之朝矣。終身不仕（自誓不仕終身）公喪之如稅服終身（稅。即繐也。喪服。繐繐裳縷細而希。非五服之常。本無月數。痛愍子鮮。故特爲此服。此服無月數。而獻公尋薨。故言終身。○喪息郎反。稅音歲。又吐外反）公與免餘邑六十。辭曰。唯卿備百邑。臣六十矣。下有上祿。亂也（此一乘之邑。非四井之邑。論語稱千室。又云十室。明通稱。○通稱尺證反）臣弗敢聞。且甯子唯多邑。故死。臣懼死之速及也。公固與之。受其半。以爲少師。公使爲卿。辭曰。大叔儀不貳。能贊大事。贊佐也。君其命之。乃使文子爲卿。文子。大叔儀。宋向戌善於趙文子。又善於令尹子木。欲弭諸侯之兵以爲名。欲獲息民之名。如晉告趙孟。趙孟謀於諸大夫。韓宣子曰。兵民之殘也。財用之蠹。蠹。害物之蟲。小國之大菑也。將或弭之。雖曰不可。必將許之。言雖知兵不得久弭。今不可不許。○菑音災。弗許。楚將許之。以召諸侯。則我失爲盟主矣。晉人許之。如楚楚亦許之。如齊，齊人難之。陳文子曰：「晉、楚許之，我焉得已。且人曰弭兵，而我弗許，則固攜吾民矣，將焉用之？」齊人許之。告於秦，秦亦許之。皆告於小國，爲會於宋。五月甲辰，晉趙武至於宋。丙午，鄭良霄至。六月丁未朔，宋人享趙文子，叔向爲介。司馬置折俎，禮也。折俎，體解節折，升之於俎，合卿享宴之禮，故曰禮也。周禮司馬掌會同之事。○難之，乃旦反，下同。仲尼使舉是禮也，以爲多文辭。宋向戌自美弭兵之意，敬逆趙武。趙武叔向因享宴之會。展賓主之辭。故仲尼以爲多文辭戊申。叔孫豹齊慶封陳須無衞石惡至須無。陳文子甲寅。晉荀盈從趙武至趙武命盈追己。故言從趙武。後武遣盈如楚丙辰。邾悼公至小國故君自來壬戌。楚公子黑肱先至。成言於晉時令尹子木止陳。遣黑肱就晉大夫成盟載之言。兩相然可丁卯。宋向戌如陳。從子木成言於楚就於陳成楚之要言戊辰。滕成公至亦小國君自來子木謂向戌。請晉楚之從交相見也使諸侯從晉楚者。更相朝見。見賢遍反庚午。向戌復於趙孟。趙孟曰：晉、楚、齊、秦，匹也。晉之不能於齊，猶楚之不能於秦也。不能服而使之。楚君若能使秦君辱於敝邑，寡君敢不固請於齊？請齊使朝楚。王申，左師復言於子木。子木使馹謁諸王。馹，傳也。謁，告也。○馹，人實反。傳，陟戀反。王曰：釋齊、秦，他國請相見也。經所以不書齊、秦。秋七月戊寅，左師至。從陳還。是夜也，趙孟及子晳盟，以齊言。子晳，公子黑肱。素要齊其辭，至盟時不得復訟爭。庚辰，子木至自陳。陳孔奐、蔡公孫歸生至二國大夫與子木俱至曹許之大夫皆至以藩爲軍示不相忌晉楚各處其偏晉處北楚處南伯夙謂趙孟伯夙荀盈曰楚氛甚惡懼難氛氣也言楚有襲晉之氣○氛芳云反趙孟曰吾左還入於宋若我何營在宋北東頭爲上故晉營在東有急可左迴入宋東門辛巳將盟於宋西門之外楚人衷甲甲在衣中欲因會擊晉○衷音忠又丁仲反伯州犁曰合諸侯之師以爲不信無乃不可乎夫諸侯望信於楚是以來服若不信是弃其所以服諸

侯也。固請釋甲。子木曰。晉楚無信久矣。事利而已。苟得志焉。焉用有信。大宰退。大宰伯州犂告人曰。令尹將死矣。不及三年。求逞志而弃信。志將逞乎。志以發言。言以出信。信以立志。參以定之。志言信三者具而後身安存信亡。何以及三。爲明年子木死起本趙孟患楚衷甲。以告叔向。叔向曰。何害也。匹夫一爲不信。猶不可。單斃其死。單盡也斃踣也。單音丹踣蒲北反若合諸侯之卿。以爲不信。必不捷矣。食言者不病。不病者。單斃於死非子之患也。楚食言當死。晉不食言故無患夫以信召人。而以僭濟之。濟。成也。僭子念反。不信也必莫之與也。安能害我。且吾因宋以守病。爲楚所病。則欲入宋城則夫能致死。雖倍楚可也。宋爲地主。致死助我。則力可倍楚。○夫如字。或音扶子何懼焉。又不及是。曰弭兵以召諸侯。而稱兵以害我。稱。舉也吾庸多矣。非所患也。晉獨取信。故其功多季武子使謂叔孫以公命曰。視邾滕。兩事晉楚。則貢賦重。故欲比小國。武子恐叔孫

不從其言。故假公命以敕之

既而齊人請邾。宋人請滕。皆不與盟。私屬二國故○與音預

叔孫曰。邾滕。人之私也。我列國也。何故視之。宋衛吾匹也。乃盟。故不書其族。言違命也。季孫專政於國。魯君非得有命。今君唯以此命告豹。豹宜崇大順以顯弱命之君。而遂其小。是故貶之

晉楚爭先。爭先歃血

晉人曰。晉固為諸侯盟主。未有先晉者也。楚人曰。子言晉楚匹也。若晉常先。是楚弱也。且晉楚狎主諸侯之盟也久矣。狎更也。○先晉。去聲。或如字。狎戶甲

反更音庚豈專在晉叔向謂趙孟曰諸侯歸晉之德只只，辭。○只之氏反非歸其尸盟也尸，主也。子務德無爭先且諸侯盟小國固必有尸盟者小國主辨具。○辨皮莧反楚爲晉細不亦可乎欲推使楚主盟。乃先楚人書先晉晉有信也蓋孔子追正之。壬午宋公兼享晉楚之大夫趙孟爲客客，一坐所尊。故季孫飲大夫酒，臧紇爲客。子木與之言弗能對使叔向侍言焉子木亦不能對也乙酉宋公及諸侯之大夫盟于蒙門之外前盟。諸大夫不敢敵公。禮也。今宋公以近在其國。故謙而重盟。重盟故不書。蒙門。宋城門子木問於趙孟曰。范武子之德何如士會。賢。聞於諸侯。故問之對曰。夫子之家事治。言於晉國。無隱情。其祝史陳信於鬼神。無愧辭。祝陳馨香。德足副之。故不愧子木歸以語王。王曰。尚矣哉。尚上也○語魚據反能歆神人歆。享也。使神享其祭。人懷其德。○歆許金反宜其光輔五君。以爲盟主也。五君。謂文。襄。靈。成。景子木又語王曰。宜晉之伯也。有叔向以佐其卿。楚無以當之不可與爭。晉荀盈遂如楚涖盟重結晉楚之好鄭伯享趙孟于垂隴自宋還過鄭子展伯有子西子産子大叔二子石從二子石。印段。公孫段。○從才用反趙孟曰。七子從君以寵武也。請皆賦以卒君貺武亦以觀七子之志詩以言志子展賦草蟲草蟲詩召南。曰。未見君子。憂心忡忡。亦既見止。亦既覯止。我心則降。以趙孟爲君子。○忡勑忠反降戶江反。又如字趙孟曰善哉民之主也在上不忘降故可以主民抑武也不足以當之辭君子伯有賦鶉之賁賁鶉之

賁賁。詩鄘風。衛人刺其君淫亂。鶉鵲之不若。義取人之無良。我以爲兄。我以爲君也。○鶉順倫反　賁音奔

趙孟曰。牀第之言不踰閾。況在野乎。非使人之所得聞也。第。簀也。此詩刺淫亂。故云牀第之言。閾。門限。使人。趙孟自謂。○第側里反

子西賦黍苗之四章。黍苗。詩小雅。四章曰。肅肅謝功。召伯營之。列列征師。召伯成之。比趙孟於召伯

趙孟曰。寡君在。武何能焉。推善於其君

子產賦隰桑。隰桑。詩小雅。義取思見君子。盡心以事之。曰。既見君子。其樂如何。○盡津忍反

趙孟曰。武請受其卒章。卒章曰。心乎愛矣。遐不謂矣。中心藏之。何日忘之。趙武欲子產之見規誨

子

大叔賦野有蔓草野有蔓草，詩鄭風。取其邂逅相遇，適我願兮。趙孟曰：吾子之惠也。大叔喜於相遇，故趙孟受其惠。印段賦蟋蟀蟋蟀，詩唐風。曰無以大康，職思其居。好樂無荒，良士瞿瞿。言瞿瞿然顧禮儀。趙孟曰：善哉，保家之主也。吾有望矣。能戒懼不荒，所以保家。公孫段賦桑扈桑扈，詩小雅。義取君子有禮文，故能受天之祜。趙孟曰：匪交匪敖，福將焉往？此桑扈詩卒章。趙孟因以取義。○敖，五報反。若保是言也，欲辭福祿，得乎？卒享，文子告叔向曰：伯有將爲戮矣。詩以言志，志誣其上而公怨之以爲賓榮言誣則鄭伯未有其實。趙孟倡賦詩以自寵。故言公怨之。以爲賓榮其能久乎。幸而後亡言必先亡叔向曰。然。已侈。所謂不及五稔者。夫子之謂矣稔年也。爲三十年鄭殺良霄傳。○侈昌氏反。又尸氏反。稔而甚反文子曰。其餘皆數世之主也。子展其後亡者也。在上不忘降。謂賦草蟲曰。我心則降。○降胡江反印氏其次也。樂而不荒謂賦蟋蟀曰。好樂無荒樂以安民。不淫以使之。後亡。不亦可乎。宋左師請賞。曰。請免死之邑欲宋君稱功加厚賞。故謙言免死之邑也公與之邑六十。以示子罕。子罕曰。凡諸侯小國。晉楚所以兵威之。畏而後上下慈和。慈和而後能安靖其國家。以事大國。所以存也。無威則驕。驕則亂生。亂生必滅。所以亡也。天生五材。金木水火土也民並用之。廢一不可。誰能去兵。兵之設久矣。所以威不軌而昭文德也。聖人以興。謂湯武。○去起呂反。下同亂人以廢。謂桀紂廢興存亡昏明之術。皆兵之由也。而子求去之。不亦誣乎。以誣道蔽諸侯。罪莫大焉。縱無大討。而又求賞。無厭之甚也。削而投之。削賞左師之書。○厭於鹽反左師辭邑。向氏欲攻司城。司城子罕左師曰。我將亡。夫子存我。德莫大焉。又可攻乎。君子曰。彼己之子。邦之司直。詩鄭風。司。主也。○己音記樂喜之謂乎樂喜子罕也。善其不阿向戌何以恤我。我其收之逸詩。恤。憂也。收。取之向戌之謂乎善向戌能知其過齊崔杼生成及彊而寡偏喪曰寡。寡。特也。○喪息浪反娶東郭姜。

生明。東郭姜以孤入。曰棠無咎。無咎。棠公之子。與東郭偃相崔氏。東郭偃。姜之弟。相去聲。崔成有疾而廢之。有惡疾也。而立明。成請老于崔。濟南東朝陽縣西北有崔氏城。成欲居崔邑以終老。崔子許之。偃與无咎弗予。曰。崔宗邑也。必在宗主。宗邑。宗廟所在。宗主。謂崔明。成與彊怒。將殺之。告慶封曰。夫子之身。亦子所知也。唯无咎與偃是從。父兄莫得進矣。大恐害夫子。敢以告。夫子。謂崔杼。慶封曰。子姑退。吾圖之。告盧蒲嫳嬖。慶封屬大夫。封以成彊之言告嬖。嬖普結反盧蒲嬖曰。彼君之讎也。天或者將弃彼矣。彼實家亂。子何病焉君。謂齊莊公。爲崔杼所弒崔之薄。慶之厚也崔敗則慶專權他日又告成彊復告慶封曰。苟利夫子。必去之。難。吾助女。九月庚辰。崔成、崔彊殺東郭偃、棠无咎於崔氏之朝。崔子怒而出。其衆皆逃。求人使駕。不得。使圉人駕。寺人御而出圉人。養馬者。寺人。奄士且曰。崔氏有福。止余猶可恐滅家。禍不止其身遂見慶封。

慶封曰崔慶一也言如一家是何敢然請爲子討之使盧蒲嫳帥甲以攻崔氏崔氏堞其宮而守之堞短垣使其衆居短垣內以守○堞音牒弗克使國人助之遂滅崔氏殺成與彊而盡俘其家其妻縊妻東郭姜嫳復命於崔子且御而歸之嫳爲崔子御至則無歸矣乃縊終入於其宮不見其妻凶崔明夜辟諸大墓開先人之家以藏之○辟婢亦反又甫亦反辛巳崔明來奔慶封當國當國秉政楚薳罷如晉涖盟罷令尹子蕩報荀盈也○罷音

皮

晉侯享之。將出，賦既醉。既醉，詩大雅。曰：既醉以酒，既飽以德。君子萬年，介爾景福。以美晉侯，比之大平君子也。叔向曰：蘧氏之有後於楚國也，宜哉！承君命，不忘敏。子蕩將知政矣。敏以事君，必能養民，政其焉往？言政必歸之。

崔氏之亂，在二十五年。申鮮虞來奔，僕賃於野，以喪莊公。爲齊莊公服喪。賃，女鴆反。喪，如字，又息浪反。冬，楚人召之，遂如楚爲右尹。傳言楚能用賢。十一月乙亥朔，日有食之。辰在申，司歷過也，再失閏矣。謂斗建指申。周十一月。今之九月。斗當建戌而在申。故知再失閏也。文十一年。三月甲子。至今年七十一歲。應有二十六閏。今長歷推得二十四閏。通計少再閏。釋例言之詳矣

經二十有八年。春。無冰。前年知其再失閏。頓置兩閏以應天正。故此年正月建子。得以無冰為災而書夏。衞石惡出奔晉。甯喜之黨。書名。惡之。○惡之烏路反邾子來朝。秋。八月。大雩。仲孫羯如晉。告將朝楚。○羯居謁反冬。齊慶封來奔。崔杼之黨。耆酒荒淫而出。書名。罪之。自魯奔吳不書。以絕位不為卿。○耆市志反十有一月。公如楚。為宋之盟故朝楚十有二月。甲寅。天王崩。靈王也乙

襄二十八年

未楚子昭卒 康王也。十二月無乙未。日誤

傳二十八年春無冰。梓愼曰。今茲宋鄭其饑乎 梓愼。魯大夫。今年鄭游吉。宋向戌言之。明年饑甚。傳乃詳其事 歲在星紀而淫於玄枵 歲。歲星也。星紀在丑。斗牛之次。玄枵在子。虛危之次。十八年晉董叔曰。天道多在西北。是歲歲星在亥。至此年十一歲。故在星紀。明年乃當在玄枵。今已在玄枵。淫行失次 以有時菑。陰不堪陽 時菑。無冰也。盛陰用事而溫無冰。是陰不勝陽。地氣發洩。○菑音災。洩息列反 蛇乘龍 蛇。玄武之宿。虛危之星。龍。歲星。歲星。木也。木爲青龍。失次出虛危下。爲蛇所乘 龍宋鄭之星也歲星本位在東方。東方房心爲宋。角亢爲鄭。故以龍爲宋鄭之星。○亢音剛。又苦浪反宋鄭必饑。玄枵虛中也玄枵三宿。虛星在其中枵耗名也。土虛而民耗。不饑何爲歲爲宋鄭之星。今失常。淫入虛耗之次。時復無冰。地氣發洩。故曰土虛民耗

夏齊侯陳侯蔡侯北燕伯杞伯胡子沈子白狄朝于晉。宋之盟故也陳侯蔡侯胡子沈子。楚屬也。宋盟曰。晉楚之從交相見。故朝晉。燕國。今薊縣。○薊音計齊侯將行。慶封曰。我不與盟。何爲於晉以宋盟釋齊秦陳文子曰。先事後賄。禮也事大國。當先從其政事。而後薦

賄。以副己心小事大。未獲事焉。從之如志。禮也。言當從大國請事。以順其志雖不與盟。敢叛晉乎。重丘之盟。未可忘也。子其勸行。重丘盟在二十五年。○重直龍反衞人討甯氏之黨。故石惡出奔晉。衞人立其從子圃。以守石氏之祀。禮也。石惡之先石碏。有大功於衞國。惡之罪不及不祀。故曰禮。○從才用反。碏七略反邾悼公來朝。時事也。傳言來朝非宋盟。宋盟唯施於朝晉楚秋。八月。大雩。旱也。蔡侯歸自晉。入于鄭。鄭伯享之。不敬。子產曰。蔡侯其不免乎（不免禍）曰其過此也（往日至晉時。過，古禾、古卧二反）君使子展廷勞於東門之外而傲（廷，往也。廷，于況反，後同）吾曰猶將更之。今還受享而惰，乃其心也。君小國事大國，而惰傲以爲己心，將得死乎。若不免，必由其子。其爲君也，淫而不父（通大子班之妻）僑聞之，如是者恒有子禍（爲三十年蔡世子班弑其君傳）孟孝伯如晉，告將爲宋之盟故如楚也（魯晉屬，故告晉而行）蔡侯之如晉也，鄭伯使游吉如楚，及漢。

楚人還之。曰：宋之盟，君實親辱。（君謂鄭伯。○還音環）今吾子來，寡君謂吾子姑還，吾將使馹奔問諸晉而以告。（問鄭君應來朝否。○馹人實反）子大叔曰：宋之盟，君命將利小國，而亦使安定其社稷，鎮撫其民人，以禮承天之休。（休，福祿也）此君之憲令，而小國之望也。（憲，法也）寡君是故使吉奉其皮幣，（聘用乘皮束帛）以歲之不易，聘於下執事。（言歲有饑荒之難，故鄭伯不得自朝楚。○易以豉反）今執事有命曰：女何與政令之有必使而君弃而封守跋涉山川蒙犯霜露以逞君心小國將君是望敢不唯命是聽無乃非盟載之言以闕君德而執事有不利焉小國是懼不然其何勞之敢憚子大叔歸復命告子展曰楚子將死矣不脩其政德而貪昧於諸侯以逞其願欲久得乎周易有之在復䷗震下坤上復之頤䷚震下艮上頤復上六變得頤曰迷復凶復上六爻辭也復反也極陰反陽之卦上處極位迷而復反失道已遠遠

而無應。故凶其楚子之謂乎。欲復其願謂欲得鄭朝以復其願而棄其本不脩德復歸無所。是謂迷復失道已遠。又無所歸能無凶乎。君其往也。送葬而歸。以快楚心言楚子必死。君往當送其葬楚不幾十年。未能恤諸侯也幾。近也。言失道遠者。復之亦難吾乃休吾民矣休。息也。言楚不能復爲害

裨竈曰。今茲周王及楚子皆將死裨竈。鄭大夫歲棄其次。而旅於明年之次。以害鳥帑。周楚惡之旅。客處也。歲星棄星紀之次。客在玄枵。歲星所在。其國有福。失次於北。禍衝在

南。南爲朱鳥。鳥尾曰帑。鶉火鶉尾。周楚之分。故周王楚子受其咎。俱論歲星過次。梓慎則曰宋鄭饑。裨竈則曰周楚王死。傳故備舉以示卜占惟人所在。帑音奴。惡如字。一烏路反。

九月。鄭游吉如晉。告將朝于楚以從宋之盟。子產相鄭伯以如楚。舍不爲壇。至敵國郊。除地封土爲壇。以受郊勞。外僕言曰。昔先大夫相先君適四國。未嘗不爲壇。外僕掌次舍者。自是至今亦皆循之。今子草舍。無乃不可乎。子產曰。大適小則爲壇。小適大苟舍而已。焉用壇。僑聞之。大適小有五美宥其罪戾。赦其過失。救其菑患。賞其德刑。刑，法也。教其不及。小國不困。懷服如歸。是故作壇以昭其功。宣告後人。無怠於德。怠，解也。小適大有五惡。說其罪戾。自解說也。請其不足。行其政事。奉行大國之政。共其職貢。從其時命。從朝會之命。不然則重其幣帛。以賀其福。而弔其凶。皆小國之禍也。焉用作壇以昭其禍。所以告子孫。無昭禍焉可也。無昭禍以告子孫。齊慶封好田而耆酒。

與慶舍政（舍，慶封子。慶封當國，不自爲政，以付舍。耆，市志反）則以其內實遷于盧蒲嫳氏，易內而飲酒（內實，寶物妻妾也。移而居嫳家）。數日，國遷朝焉（就於盧蒲氏朝見封）。使諸亡人得賊者以告而反之（亡人，辟崔氏之難出奔者），故反盧蒲癸。癸臣子之（子之，慶舍），有寵，妻之（子之以其女妻癸。妻，七計反）。慶舍之士謂盧蒲癸曰：男女辨姓，子不辟宗，何也（辨，別也。別姓而後可相取。慶氏、盧蒲氏皆姜姓）？曰：宗不余辟（言舍欲妻已），余獨焉辟之？賦詩斷章，余取所求焉，惡識宗言已苟欲有求於慶氏。不能復顧禮。譬如賦詩者。取其一章而已。○斷音短。惡音烏。注同。癸言王何而反之。二人皆嬖。二子皆莊公黨。二十五年。崔氏弑莊公。癸何出奔。今還。求寵於慶氏。欲爲莊公報讎。使執寢戈而先後之。寢戈。親近兵杖。○先悉薦反。後戶豆反公膳日雙雞。卿大夫之膳食。饔人竊更之以鶩。御者知之。則去其肉而以其洎饋。御。進食者。饔人。御者。欲使諸大夫怨慶氏。減其膳。蓋盧蒲癸王何之謀。○鶩音木。鴨也。去起呂反。藏也。洎其器反。肉汁也。子雅子尾怒。二子。皆惠公孫。慶封告盧蒲嫳。以二子怒告嫳。盧蒲嫳曰。譬之如禽獸。吾寢處之矣。言能殺而席其皮。使析歸父告晏平仲。欲與共謀。子雅子尾。平仲曰。嬰之衆不足用也。知無能謀也。言弗敢出。不敢泄謀。知音智。有盟可也。子家曰。子之言云。子家析歸父。又焉用盟。告北郭子車。子車齊大夫。子車曰。人各有以事君。非佐之所能也。佐子車名。陳文子謂桓子桓子文子之子無宇。曰。禍將作矣。吾其何得。對曰。得慶氏之木百車於莊。慶封時有此木積於六軌之道。文子曰。可慎守也已。善其不志於貨。

財。盧蒲癸王何卜攻慶氏。示子之兆（龜兆）曰。或卜攻讎。敢獻其兆。子之曰。克見血。冬十月。慶封田于萊。陳無宇從。丙辰。文子使召之。請曰。無宇之母疾病。請歸。慶季卜之（季。慶封。○萊音來。從去聲）示之兆。曰死。奉龜而泣（無宇泣。○奉芳勇反）。乃使歸。慶嗣聞之（嗣。慶封之族）曰。禍將作矣。謂子家。速歸（子家。慶封字）禍作必於嘗（嘗。秋祭）。歸猶可及也。子家弗聽。亦無悛志（悛。改寤也。○悛七全反）。子息曰。亡矣。幸而獲狂吳越。子息。慶嗣。陳無宇濟水而戕舟發梁。戕。殘。壞也。不欲慶封得救難。○戕在羊反。盧蒲姜謂癸曰。有事而不告我。必不捷矣。姜。癸妻。慶舍女。癸告之。告欲殺慶舍。姜曰。夫子愎。莫之止。將不出。我請止之。夫子。謂慶舍。○愎皮逼反。癸曰。諾。十一月乙亥。嘗于大公之廟。慶舍涖事。臨祭事。盧蒲姜告之。且止之。弗聽。曰。誰敢者。遂如公。至公所。麻嬰為尸。為祭尸。慶奊為上獻。上獻。先獻者。○奊戶結反。盧蒲癸。王何執寢戈。慶氏以其甲環公宮廟在宮內○環如字又音患陳氏鮑氏之圉人爲優優俳慶氏之馬善驚士皆釋甲束馬束絆之也而飲酒且觀優至於魚里魚里里名優在魚里就觀之欒高陳鮑之徒介慶氏之甲欒子雅高子尾陳陳須無鮑鮑國子尾抽桷擊扉三桷椽也扉門闔也以桷擊扉爲期○桷音角盧蒲癸自後刺子之王何以戈擊之解其左肩猶援廟桷動於甍甍屋棟○刺七亦反甍亡耕反以俎壺投殺人而後死言其多力遂殺慶繩麻嬰慶繩慶嬰公懼

鮑國曰：羣臣爲君故也。言欲尊公室，非爲亂。陳須無以公歸，稅服而如內宮。言公懼於外難。○稅，吐活反。一如字。慶封歸，遇告亂者。丁亥，伐西門，弗克。還伐北門，克之。入伐內宮，陳鮑在公所故。弗克。反陳于嶽。嶽，里名。○陳，直覲反。請戰，弗許，遂來奔。獻車於季武子，美澤可以鑑。光鑑形也。展莊叔見之，魯大夫。曰：車甚澤，人必瘁，宜其亡也。叔孫穆子食慶封，慶封氾祭。禮食有祭，示有所先也。氾祭，遠散所祭，不共。○氾，芳劒反。穆子不說，使工爲之誦茅鴟。工樂師。茅鴟逸詩。刺不敬。○說音悅亦不知。既而齊人來讓。讓魯受慶封奔吳。吳句餘予之朱方。句餘。吳子夷末也。朱方。吳邑。○句古侯反聚其族焉而居之。富於其舊。子服惠伯謂叔孫曰。天殆富淫人。慶封又富矣。穆子曰。善人富謂之賞。淫人富謂之殃。天其殃之也。其將聚而殲旃。殲盡也。旃之也。爲昭四年殺慶封傳。○殲子潛反

癸巳。天王崩。未來赴。亦未書。禮也。嫌時巳聞喪。當書。故發例崔氏之亂。喪羣公子。故鉏在魯。叔

孫還在燕賈在句瀆之丘在襄二十一年及慶氏亡皆召之具其器用而反其邑焉反還也與晏子邶殿其鄙六十邶殿齊別都以邶殿邊鄙六十邑與晏嬰○邶蒲對反殿多薦反亦如字弗受子尾曰富人之所欲也何獨弗欲對曰慶氏之邑足欲故亡吾邑不足欲也益之以邶殿乃足欲足欲亡無日矣在外不得宰吾一邑不受邶殿非惡富也恐失富也且夫富如布帛之有幅焉爲之制度使無遷

也遷移也○惡去聲夫音扶夫民生厚而用利於是乎正德以幅之言厚利皆人之所欲唯正德可以爲之幅使無黜嫚黜猶放也謂之幅利利過則爲敗吾不敢貪多所謂幅也與北郭佐邑六十受之與子雅邑辭多受少與子尾邑受而稍致之致還公公以爲忠故有寵釋盧蒲嫳于北竟釋放也求崔杼之尸將戮之不得叔孫穆子曰必得之武王有亂十人亂治也崔杼其有乎不十人不足以葬葬必

須十人。崔氏不能令十人同心。故必得既崔氏之臣曰與我其拱璧崔氏大璧吾獻其柩。於是得之。十二月乙亥朔。齊人遷莊公殯于大寢更殯之於路寢也。十二月戊戌朔。乙亥誤。○柩其救反以其棺尸崔杼於市崔氏弒莊公。又葬不如禮。故以莊公棺著崔杼尸邊。以章其罪。○著丁略反國人猶知之。皆曰崔子也始求崔杼之尸不得。故傳云。國人皆知之爲宋之盟故。公及宋公陳侯鄭伯許男如楚。公過鄭。鄭伯不在已在楚伯有廷勞於黃崖。不敬滎陽宛陵縣西有黃水。西南至新鄭城。西入洧○迋音旺勞力報反穆叔曰。伯有無戾於鄭。鄭必有大咎伯有不受戮。必還爲鄭國害敬民之主也。而弃之。何以承守言無以承先祖。守其家鄭人不討。必受其辜。濟澤之阿言薄土。○濟子禮反行潦之蘋藻言賤菜寘諸宗室薦宗廟季蘭尸之。敬也言取蘋藻之菜於阿澤之中。使服蘭之女而爲之主。神猶享之。以其敬也敬可弃乎爲三十年鄭殺良霄

傳及漢楚康王卒。公欲反。叔仲昭伯曰。我楚國之爲。豈爲一人行也昭伯。叔仲帶○爲于僞反子服惠

伯曰。君子有遠慮。小人從邇。（邇。近也）飢寒之不恤。誰遑其後。（遑。暇也）不如姑歸也。叔孫穆子曰。叔仲子專之矣。（言足專任）子服子。始學者也。（言未識遠）榮成伯曰。遠圖者忠也。（成伯。榮駕鵞。○駕音加。鵞五河反）公遂行。（從昭伯謀）宋向戌曰。我一人之爲。非爲楚也。飢寒之不恤。誰能恤楚。姑歸而息民。待其立君而爲之備。宋公遂反。楚屈建卒。趙文子喪之如同盟。禮也。（宋盟有衷甲之隙。不以此廢好。故曰禮。○喪如字。又息浪）

反王人來告喪。問崩日。以甲寅告。故書之。以徵過也。徵。審也。此緩告非有事宜。直臣子怠慢。故於此發例。○徵張陵反

春秋經傳集解襄公五第十八

相臺岳氏刻
梓荆谿家塾

襄二十八年

舉人臣金應瓚敬書

春秋卷十八考證

傳會於夷儀之歲○案此傳數語蓋爲後年之事而年前發端者左氏往往有之如文十年云厥貉之會麇子逃歸宣十一年云厲之役鄭伯逃歸是也然皆附在上年之末而不繫次年之首今此傳本應刋在二十五年後而列在二十六年前故杜氏明註云特跳此者傳寫失之跳出乃魏晉閒儀注寫表章別起行頭之謂是知杜氏以前本然原本故仍其舊自明永樂中改刻註疏諸本移置上卷之尾雖傳例畫一然於杜氏註陸氏音義所謂跳出二字義安屬耶

二十六年傳自上以下隆殺以兩○林堯叟曰自上而至于下其隆殺皆以兩爲數此禮之定制也隆與殺有兩義他本隆殺作降殺訛

至則欿用牲音義欿口感反○殿本閣本作古感反非

二十七年冬十有二月乙亥朔○乙亥閣本正嘉本作乙卯非玩傳疏及萬斯大學春秋隨筆可見

二十八年傳謂子家速歸註子家慶封子○案名號歸一圖季慶封字子家亦字也原本訛作慶封子依殿本改

鉏在魯叔孫還在燕賈在句瀆之丘註在襄二十五年

○案齊討公子牙之黨執公子買於句瀆之丘公子鉏來奔叔孫還奔燕乃襄二十一年非二十五年也據本傳改

武王有亂十人○亂字下　殿本閣本有臣字據文義當增然彙纂定本亦與此同蓋古本或係誤脫

春秋經傳集解襄公六第十九

盡三十一年

經二十有九年春王正月公在楚（公在外闕朝正之禮甚多而唯書此一年者魯公如楚既非常故發此一事以明常）夏五月公至自楚庚午衛侯衎卒（無傳四同盟衎苦旦反）閽弒吳子餘祭（閽守門者下賤非士故不言盜祭側界反）仲孫羯會晉荀盈齊高止宋華定衛世叔儀鄭公孫段曹人莒人滕人薛人小邾人城杞（公孫段伯石也）

三十年。伯有死。乃命爲卿。今蓋以攝卿行○竭居謁反 晉侯使士鞅來聘。杞子來盟杞復稱子。用夷禮也 吳子使札來聘吳子餘祭。既遣札聘上國而後死。札以六月到魯。未聞喪也。不稱公子。其禮未同於上國○札側八反 秋九月葬衛獻公無傳 齊高止出奔北燕止。高厚之子○燕音煙 冬仲孫羯如晉

傳二十九年春王正月公在楚釋不朝正于廟也釋。解也。告廟在楚。解公所以不朝正 楚人使公親襚諸侯有遺使賵襚之禮。今楚欲依遺使之比○襚音遂。說文。衣死人衣 賵芳鳳反 比必利反 公

患之。穆叔曰：祓殯而襚，則布幣也。先使巫祓除殯之凶邪，而行襚禮，與朝而布幣無異。○祓音拂，又音廢。乃使巫以桃茢先祓殯。茢，黍穰。○茢音列，又音例。穰如羊反。茢，苕帚也。楚人弗禁，既而悔之。禮，君臨臣喪，乃祓殯，故楚悔之。二月癸卯，齊人葬莊公於北郭。兵死不入兆域，故葬北郭。夏四月，葬楚康王。公及陳侯、鄭伯、許男送葬，至于西門之外。諸侯之大夫皆至于墓。楚郟敖即位，郟敖，康王子熊麇也。○郟音夾，麇九倫反。王子圍爲令尹。圍，康王弟。鄭行人子羽曰：是謂不宜必代之昌。松柏之下，其草不殖。言楚君弱，令尹强。物不兩盛。爲昭元年圍弒郟敖起本。公還及方城，季武子取卞，取卞邑以自益。使公冶問，問公起居。公冶，季氏屬大夫。璽書追而與之，璽，印也。璽音徙。曰：「聞守卞者將叛，臣帥徒以討之，既得之矣，敢告。」公冶致使而退。致季氏使命。使，所吏反。及舍而後聞取卞。發書乃聞之。公曰：「欲之而言叛，祇見疏也。」言季氏欲得卞而欺我言叛，益疏我。祇音支，適也。公謂公冶曰：「吾可以入乎？」以季氏疏己，故不敢入。對曰。君實有國。誰敢違君。公與公冶冕服以卿服玄冕賞之固辭。強之而後受。公欲無入。榮成伯賦式微。乃歸。式微。詩邶風。曰。式微式微。胡不歸。式。用也。義取寄寓之微陋。勸公歸也。強其丈反五月。公至自楚。公冶致其邑於季氏本從季氏得邑。故還之而終不入焉不入季孫家曰。欺其君。何必使余。季孫見之。則言季氏如他日。不見則終不言季氏。及疾。聚其臣大夫家臣曰。我死。必無以冕服斂。非德賞也。言公畏季氏而賞其使。非以我有德。斂力驗反且無使季氏葬我葬靈王不書魯不會鄭上卿有事子展使印段往伯有曰弱不可印段年少官卑子展曰與其莫往弱不猶愈乎詩云王事靡盬不遑啓處詩小雅盬不堅固也啓跪也言王事無不堅固故不暇跪處○盬音古東西南北誰敢寧處謂上卿堅事晉楚以蕃王室也言我固事晉楚乃所以蕃屏王室○蕃芳元反王事無曠何常之有遂使印段如周傳言周衰卑於晉楚吳人伐越獲俘焉以爲閽使守舟吳子餘祭觀舟

閽以刀弒之言以刀。明近刑人鄭子展卒。子皮即位子皮代父為上卿於是鄭饑而未及麥。民病。子皮以子展之命。餼國人粟。戶一鍾。在喪故以父命也。六斛四斗曰鍾。○餼許氣反是以得鄭國之民。故罕氏常掌國政。以為上卿。宋司城子罕聞之。曰鄰於善民之望也。民亦望君為善宋亦饑。請於平公。出公粟以貸。使大夫皆貸。司城氏貸而不書。施而不德。○施始豉反下同為大夫之無者貸。宋無飢人。叔向聞之曰。

鄭之罕、宋之樂，其後亡者也。二者其皆得國乎。得掌國政。○向，許丈反。民之歸也。施而不德，樂氏加焉，其以宋升降乎。升降隨宋盛衰。晉平公，杞出也，故治杞。治，理其地，脩其城。六月，知悼子合諸侯之大夫以城杞，孟孝伯會之。鄭子大叔與伯石往。大叔不書，不親事。○知音智。大叔，音泰。子大叔見大叔文子，文子，衛大叔儀。與之語。文子曰：甚乎其城杞也。子大叔曰：若之何哉。晉國不恤周宗之闕，而夏肄是屏周宗諸姬也。夏肄。杞。肄。餘也。弃。城也。○肄以二反其弃諸姬亦可知也已諸姬是弃其誰歸之吉也聞之弃同即異是謂離德詩曰協比其鄰昏姻孔云詩小雅。言王者和協近親。則昏姻甚歸附也晉不鄰矣其誰云之云猶旋。旋。歸之齊高子容與宋司徒見知伯女齊相禮子容高止也。司徒華定也。知伯荀盈也。女齊司馬侯也。相禮侍威儀也。○女音汝賓出司馬侯言於知伯曰二子皆將不免子容專專。自是也司徒侈皆亡家之主也知伯曰何如對

曰專則速及。速及禍也侈將以其力斃力盡而自斃專則人實斃之。將及矣爲此秋高止出奔燕。昭二十年華定出奔陳傳

范獻子來聘。拜城杞也謝魯爲杞城公享之。展莊叔執幣公將以酬賓射者三耦。二人爲耦○耦音偶公臣不足。取於家臣。家臣展瑕展王父爲一耦。公臣公巫召伯仲顏莊叔爲一耦。鄫鼓父黨叔爲一耦。言公室卑微。公臣不能備於三耦○召上照反鄫才陵反黨音掌晉侯使司馬女叔侯來治杞田使魯歸前侵杞田。所歸少。故不書

弗盡歸也。晉悼夫人慍曰。齊也取貨。夫人，平公母。杞女也。謂叔侯取貨於魯。故不盡歸杞田。慍，紆運反。先君若有知也，不尚取之。不尚叔侯之取貨。公告叔侯。叔侯曰。虞、虢、焦、滑、霍、揚、韓、魏。皆姬姓也。八國皆晉所滅。焦在陝縣。揚屬平陽郡。虢，瓜百反。晉是以大。若非侵小，將何所取。武、獻以下。兼國多矣。武公。獻公。晉始盛之君。誰得治之。杞，夏餘也。而即東夷。行夷禮。魯，周公之後也。而睦於晉。以杞封魯猶可。而何有焉。何有盡歸之。魯之於晉也職貢不乏玩好時至公卿大夫相繼於朝史不絕書書魯朝聘府無虛月無月不受魯貢如是可矣何必瘠魯以肥杞且先君而有知也毋寧夫人而焉用老臣言先君毋寧怪夫人之所爲。無用責我。○瘠在亦反杞文公來盟魯歸其田。故來盟書曰子。賤之也賤其用夷禮吳公子札來聘見叔孫穆子說之謂穆子曰子其不得死乎不得以壽死。○說音悅好善而不能擇人吾聞君子務在擇人吾子爲魯宗卿而任其大政不愼舉何以堪之禍必及子爲昭四年豎牛作亂起本請觀於周樂魯以周公故有天子禮樂使工爲之歌周南召南此皆各依其本國歌所常用聲曲曰美哉美其聲始基之矣周南召南王化之基猶未也猶有商紂未盡善也然勤而不怨矣未能安樂然其音不怨怒爲之歌邶鄘衛武王伐紂分其地爲三監三監叛周公滅之更封康叔并三監之地故三國盡被康叔之化曰美哉淵乎憂而不困者也淵深也亡國之音哀以思其民困衛康叔武公德化深遠雖遭宣公淫亂懿公滅亡民猶秉義不至於困吾聞衛康叔

武公之德如是是其衛風乎康叔周公弟武公康叔九世孫皆衛之令德君也聽聲以爲別故有疑言○別彼列反爲之歌王王黍離也幽王遇西戎之禍平王東遷王政不行於天下風俗下與諸侯同故不爲雅曰美哉思而不懼其周之東乎宗周隕滅故憂思猶有先王之遺風故不懼爲之歌鄭詩第七曰美哉其細已甚民弗堪也是其先亡乎美其有治政之音譏其煩碎知不能久爲之歌齊詩第八曰美哉泱泱乎大風也哉泱泱弘大之聲○泱於良反又於郎反表東海者其大公乎大公封齊爲東海之

表式國未可量也言其或將復興爲之歌豳詩第十五。豳周之舊國。在新平漆縣東北曰美哉蕩乎樂而不淫其周公之東乎蕩乎。蕩然也。樂而不淫。言有節。周公遭管蔡之變。東征三年。爲成王陳后稷先公不敢荒淫。以成王業。故言其周公之東乎。樂音岳。又音洛爲之歌秦詩第十一。後仲尼刪定。故不同曰此之謂夏聲夫能夏則大大之至也。其周之舊乎秦本在西戎汧隴之西。秦仲始有車馬禮樂。去戎狄之音。而有諸夏之聲。故謂之夏聲。及襄公佐周平王東遷。而受其故地。故曰周之舊。汧苦賢反。去上聲爲之歌魏詩第九。魏姬姓國。閔元年。晉獻公滅之曰。

美哉渢渢乎大而婉險而易行以德輔此則明主也渢渢中庸之聲婉約也險當爲儉字之誤也大而約則儉節易行惜其國小無明君也○渢扶弓反又敷劒反又音凡爲之歌唐唐詩第十晉詩曰思深哉其有陶唐氏之遺民乎不然何憂之遠也晉本唐國故有堯之遺風憂深思遠情發於聲○思息嗣反非令德之後誰能若是爲之歌陳詩第十二曰國無主其能久乎淫聲放蕩無所畏忌故曰國無主自鄶以下無譏焉鄶第十三曹第十四言季子聞此二國歌不復譏論之以其微也○鄶古外反爲之

歌小雅（小雅。小正。亦樂歌之常）曰。美哉。思而不貳（思文武之德。無貳叛之心）怨而不言（有哀音）其周德之衰乎（衰。小也）猶有先王之遺民焉（謂有殷王餘俗。故未大衰）爲之歌大雅（大雅陳文王之德以正天下）曰。廣哉。熙熙乎（熙熙。和樂聲）曲而有直體（論其聲）其文王之德乎（雅頌所以詠盛德形容。故但歌其美者。不皆歌變雅）爲之歌頌（頌者。以其成功告於神明）曰。至矣哉（言道備）直而不倨（倨傲○倨音據。又音居）曲而不屈（屈。撓○撓音閙）邇而不偪（謙退。○偪彼力反）遠而不攜（攜。貳）遷而

不淫淫。過蕩復而不厭常日新。○厭去聲。又平聲哀而不愁

知命樂而不荒節之以禮用而不匱德弘大廣而不宣

不自顯施而不費因民所利而利之。○施始豉反取而不貪義然

後取處而不底守之以道。○底音抵行而不流制之以義五聲

和宮商角徵羽。謂之五聲八風平八方之氣。謂之八風節有度守

有序八音克諧。節有度也。無相奪倫。守有序也盛德之所同也頌有

殷魯。故曰盛德之所同見舞象箾南籥者象箾。舞所執。南籥。以籥舞

也。皆文王之樂。○箾音朔曰。美哉猶有憾美哉。美其容也。文王恨不及己

致大平見舞大武者武王樂曰美哉周之盛也其若此乎見舞韶濩者殷湯樂○濩音護又戶郭反曰聖人之弘也而猶有慙德聖人之難也慙於始伐見舞大夏者禹之樂曰美哉勤而不德非禹其誰能脩之盡力溝洫勤也見舞韶箾者舜樂○箾音簫曰德至矣哉大矣如天之無不幬也幬覆也如地之無不載也雖甚盛德其蔑以加於此矣觀止矣若有他樂吾不敢請已魯用四代之樂故及韶箾而季子知其終也季

札賢明才博。在吳雖已涉見此樂歌之文。然未聞中國雅聲。故請作周樂。欲聽其聲。然後依聲以參時政。知其興衰也。聞秦詩。謂之夏聲。聞頌曰。五聲和。八風平。皆論聲以參政也。舞畢。知其樂終。是素知其篇數。其出聘也。通嗣君也。吳子餘祭嗣立故遂聘于齊。說晏平仲。謂之曰。子速納邑與政。納。歸之公。○說音悅。下皆同無邑無政。乃免於難。齊國之政。將有所歸。未獲所歸。難未歇也。歇。盡也。○難乃旦反故晏子因陳桓子以納政與邑。是以免於欒高之難。難在昭八年聘於鄭。見子產。如舊相識。

與之縞帶。子產獻紵衣焉。大帶也。吳地貴縞，鄭地貴紵，故各獻己所貴，示損己而不爲彼貨利。○縞，古老反。繒也。謂子產曰：「鄭之執政侈，難將至矣。政必及子。子爲政，愼之以禮。不然，鄭國將敗。」侈，謂伯有。適衛，說蘧瑗、蘧伯玉。○瑗，于眷反。史狗、史朝之子文子。史鰌、史魚。○鰌音秋。公子荆、公叔發、公叔文子。公子朝，曰：「衛多君子，未有患也。」自衛如晉，將宿於戚。戚，孫文子之邑。聞鍾聲焉，曰：「異哉！吾聞之也，辯而不德，必加於戮。辯猶爭也。夫子獲罪於君，以在此孫文子以戚叛懼猶不足而又何樂夫子之在此也猶燕之巢于幕上言至危君又在殯而可以樂乎獻公卒未葬遂去之不止宿文子聞之終身不聽琴瑟聞義能改適晉說趙文子韓宣子魏獻子曰晉國其萃於三族乎言晉國之政將集於三家說叔向將行謂叔向曰吾子勉之君侈而多良大夫皆富政將在家富必厚施故政在家○施式豉反吾子好直必思自免於難秋九月齊公孫蠆公孫

竈放其大夫高止於北燕蠆子尾竈子雅放者宥之以遠○蠆勑邁反乙未出書曰出奔罪高止也實放書奔所以示罪高止好以事自爲功且專故難及之冬孟孝伯如晉報范叔也范叔士鞅也此年夏來聘爲高氏之難故高豎以盧叛豎高止子○爲于僞反十月庚寅閭丘嬰帥師圍盧高豎曰苟使高氏有後請致邑還邑於君齊人立敬仲之曾孫酀敬仲高傒○酀於顯反傒音兮良敬仲也良猶賢也十一月乙卯高豎致盧而出

奔晉。晉人城緜而寘旃（晉人善其致邑）鄭伯有使公孫黑如楚（黑子晳）辭曰楚鄭方惡而使余往是殺余也伯有曰世行也（言女世爲行人○女音汝）子晳曰可則往難則已何世之有伯有將強使之子晳怒將伐伯有氏大夫和之十二月己巳鄭大夫盟於伯有氏裨諶曰是盟也其與幾何（言不能久也裨諶鄭大夫○強上聲與如字或音預）詩曰君子屢盟亂是用長今是長亂之道也禍未歇也必三年而後能紓紓。解也。屢力住反。長丁丈反。紓直呂反。又音舒。解音蟹。然明曰。政將焉往。裨諶曰。善之代不善。天命也。其焉辟子產。言政必歸子產。焉於虔反。舉不踰等。則位班也。子產位班次應知政。擇善而舉。則世隆也。世所高也。天又除之。奪伯有魄。喪其精神。爲子產驅除。驅除如字。子西即世。將焉辟之。天禍鄭久矣。其必使子產息之。乃猶可以戾也。戾。定也。不然。將亡矣。

經。三十年。春。王正月。楚子使薳罷來聘。罷音皮。

夏四月。蔡世子般弒其君固。般音班五月甲午。宋災。天火曰災宋伯姬卒。天王殺其弟佞夫。稱弟以惡王殘骨肉王子瑕奔晉。不言出奔周無外秋七月。叔弓如宋。葬宋共姬。共姬從夫謚也。叔弓叔老之子。卿共葬事。禮過厚。三月而葬。速鄭良霄出奔許。耆酒荒淫。書名。罪之自許入于鄭。不言復入。獨還無兵鄭人殺良霄。冬十月。葬蔡景公。無傳晉人。齊人。宋人。衛人。鄭人。曹人。莒人。邾人。滕人。薛人。杞人。小邾人。會于澶淵。宋災故。會未有言其事者。此

言宋災故。以惡宋人不克己自責。而出會求財。○適市然反

傳三十年春王正月楚子使薳罷來聘通嗣君也郟敖即位穆叔問王子之爲政何如王子圍爲令尹對曰吾儕小人食而聽事猶懼不給命而不免於戾焉與知政固問焉不告穆叔告大夫曰楚令尹將有大事子蕩將與焉子蕩薳罷。○焉於虔反。○與音預。下同助之匿其情矣子圍素貴。郟敖微弱。諸侯皆知其將爲亂。故穆叔問之子產相鄭伯以如晉叔向問鄭國之

政焉對曰吾得見與否在此歲也騶良方爭
未知所成騶氏子晳也良氏伯有也若有所成吾得見乃
可知也叔向曰不既和矣乎對曰伯有侈而
愎愎很也○愎皮力反很胡懇反子晳好在人上莫能相下
也雖其和也猶相積惡也惡至無日矣爲此年秋
良霄出奔傳二月癸未晉悼夫人食輿人之城杞
者輿衆也城杞在往年絳縣人或年長矣無子而往與
於食有與疑年使之年使言其年曰臣小人也不

知紀年臣生之歲正月甲子朔四百有四十五甲子矣其季於今三之一也所稱正月謂夏正月也三分六甲之一得甲子甲戌盡癸未吏走問諸朝皆不知故問之師曠曰魯叔仲惠伯會郤成子于承匡之歲也在文十一年是歲也狄伐魯叔孫莊叔於是乎敗狄于鹹獲長狄僑如及虺也豹也而皆以名其子七十三年矣叔孫僑如叔孫豹皆取長狄名○鹹音咸虺虛鬼反史趙曰亥有二首六身史趙晉大史亥字二畫在上并三六為身如筭

之六下二如身。是其日數也。下亥上二畫。豎置身旁士文伯曰。然則二萬六千六百有六旬也。文伯。士弱之子趙孟問其縣大夫。則其屬也。屬趙武召之而謝過焉。曰。武不才。任君之大事。以晉國之多虞。不能由吾子。由。用也使吾子辱在泥塗久矣。武之罪也。敢謝不才。遂仕之。使助為政。辭以老。與之田。使為君復陶。復陶。主衣服之官○復音服。又音福以為絳縣師。縣師。掌地域。辨其夫家人民而廢其輿尉。以役孤老故於是魯使者在晉。歸以語諸大夫。季武子曰。晉未可媮也媮。薄也。○語魚據反有趙孟以爲大夫。有伯瑕以爲佐伯瑕。士文伯有史趙師曠而咨度焉。有叔向女齊以師保其君。其朝多君子。其庸可媮乎。勉事之而後可傳言晉所以强。不失諸侯。且明歷也夏四月已亥。鄭伯及其大夫盟駟良爭。故君子是以知鄭難之不已也鄭伯微弱。不能制其臣下。君臣詛盟。故曰亂未已蔡景侯爲大子般娶于楚。通焉。大子弑景侯終子産言有子禍也○爲于僞反初。王儋季卒儋季。周靈王弟○儋丁甘反其子括將見王而歎括除服見靈王。入朝而歎單公子愆期爲靈王御士。過諸廷愆期行過王廷○單音善聞其歎而言曰。烏乎。必有此夫欲有此朝廷之權入以告王。且曰。必殺之。不慼而願大。視躁而足高。心在他矣。不殺必害。王曰。童子何知。及靈王崩。儋括欲立王子佞夫佞夫。靈王子。景王弟○躁早報反佞夫弗知。戊子。儋括圍蔿。逐成愆。成愆。蔿邑大夫○蔿于委反成愆奔平時（平時。周邑○〔時〕音上。又音市）五月癸巳。尹言多劉毅單蔑甘過鞏成殺佞夫（五子。周大夫）括瑕。廖奔晉（括廖不書。賤也○〔廖〕力彫反。一音勑留反）書曰天王殺其弟佞夫罪在王也（佞夫不知故。經書在宋災下。從赴）或叫于宋大廟（叫。呼也○〔呼〕火故反）曰譆譆出出（譆譆。熱也。出出。戒伯姬○〔譆〕許其反〔出〕如字）鳥鳴于亳社（殷社）如曰譆譆（皆火妖也）甲午。宋大災。宋伯姬卒。待姆也（姆。女師○〔姆〕音茂）君子謂宋共姬女而不婦。女待人（待人而行）婦義事也義從宜也。伯姬時年六十左右六月。鄭子產如陳涖盟。歸復命。告大夫曰。陳亡國也。不可與也。不可與結好。○好，呼報反聚禾粟。繕城郭。恃此二者。而不撫其民。其君弱植。公子侈。大子卑。大夫敖。政多門。政不由一人。○植，直吏反。一音時力反。敖亦作傲以介於大國。介，閒也能無亡乎。不過十年矣。爲昭八年楚滅陳傳秋七月。叔弓如宋葬共姬也。傷伯姬之遇災。故使卿共葬鄭伯有耆酒。爲窟室。窟室，地室。○耆，市志反而夜飲酒。擊鐘焉。朝至未巳朝者曰。公焉在。家臣故謂伯有爲公。焉在，於虔反。其人曰。吾公在壑谷。壑谷，窟室。皆自朝布路而罷。布路，分散。既而朝。伯有朝鄭君。則又將使子晳如楚，歸而飲酒。庚子，子晳以駟氏之甲伐而焚之。伯有奔雍梁。雍梁，鄭地。雍，於用反。醒而後知之，遂奔許。大夫聚謀。子皮曰。仲虺之志。仲虺，湯左相。醒，星頂反。云亂者取之，亡者侮之，推亡固存，國之利也。罕、駟、豐同生。罕，子皮。駟，子晳。豐，公孫段也。三家本同母兄弟。伯有汰侈，故不免。

三家同出。而伯有孤特。又汏侈。所以亡人謂子產就直助彊時謂子皙直。三家彊。子產曰。豈爲我徒徒黨也。言不以駟良爲黨國之禍難誰知所敝。或主彊直。難乃不生言能彊能直則可彊難。今三家未能。則伯有方爭。○難乃旦反。下同姑成吾所欲以無所附著爲所。○著直畧反辛丑。子產斂伯有氏之死者而殯之。不及謀而遂行。不與於國謀。○斂力豔反印段從之義子產子皮止之。衆曰。人不我順。何止焉。子皮曰。夫子禮於死者。況生者乎。遂自止之。壬寅。子產入。癸卯。子石入（子石。印段）皆受盟于子皙氏。乙巳。鄭伯及其大夫盟于大宮（大宮。祖廟）盟國人于師之梁之外（師之梁。鄭城門）伯有聞鄭人之盟已也。怒。聞子皮之甲不與攻已也。喜。曰子皮與我矣。癸丑。晨自墓門之瀆入（墓門。鄭城門○瀆音豆）因馬師頡介于襄庫。以伐舊北門（馬師頡。子羽孫。○頡音纈）駟帶率國人以伐之（駟帶。子西之子。子皙之宗主）皆召子產（駟氏伯有俱召）子產曰。兄弟而及此。吾從天所與（兄弟恩等。故無所偏助伯有死於羊肆羊肆。市列子產襚之。枕之股而哭之。斂而殯諸伯有之臣在市側者。既而葬諸斗城。斗城。鄭地名枕之鴆反子駟氏欲攻子產。子皮怒之曰。禮國之幹也。殺有禮禍莫大焉。乃止。斂葬伯有爲有禮於是游吉如晉還。聞難不入。懼禍幷及復命于介。八月甲子。奔晉。駟帶追之。及酸棗。與子上盟。用兩珪質于河。子上。駟帶也。沈珪於河。爲信也。酸棗。陳留縣使公孫肸入盟大夫。己巳。復歸游吉歸也。肸許乙反書曰鄭人殺良霄。不稱大夫。言自外入也。既出位絕。非復鄭大夫於子蟜之卒也。子蟜公孫蠆。卒在十九年。○蟜音矯將葬。公孫揮與裨竈晨會事焉。會葬事過伯有氏。其門上生莠。子羽曰。其莠猶在乎。子羽。公孫揮。以莠喻伯有。伯有侈。知其不能久存於是歲在降婁。降婁中而旦。降婁。奎婁也。周七月。今五月。降婁中而天明。○降戶江反裨竈指之曰。猶可以終歲。指降婁也。歲星十二年而一終歲不及此次也已。不及降婁及其亡也。歲在娵訾之口娵訾。營室東壁。二十八年。歲星淫在玄枵。今三十年在娵訾。是歲星停在玄枵二年。○娵子須反。訾音茲其明年乃及降婁。僕展從伯有。與之皆死僕展。鄭大夫。伯有黨羽頡出奔晉。爲任大夫羽頡。馬師頡。任晉縣。今屬廣平郡。○任音壬雞澤之會在三年鄭樂成奔楚。遂適晉。羽頡因之。與之比。而事趙文子。言伐鄭之說焉。以宋之盟故。不可宋盟約弭兵故子皮以公孫鉏爲馬師鉏子罕之子。代羽頡楚公子圍殺大司馬蔿掩。而取其室蔿掩二十五年爲大司馬申無宇曰王子必不免無宇芋尹善人國之主也王子相楚國將善是封殖而虐之是禍國也且司馬令尹之偏偏佐也而王之四體也俱股肱也絕民之主去身之偏艾王之體以禍其國無不祥大焉何以得免爲昭十三年楚弒靈王傳○去起呂反艾魚廢反爲宋災故諸侯之大夫會以謀歸宋財冬十月叔孫豹會晉趙武齊公孫蠆宋向戌衛北宮佗佗北宮括之子○佗音沱鄭罕虎虎子皮及小邾之大夫會

于澶淵。既而無歸於宋。故不書其人。君子曰。信其不可不慎乎。澶淵之會。卿不書。不信也夫。諸侯之上卿。會而不信。寵名皆弃。不信之不可也。如是。寵謂族也。詩曰。文王陟降。在帝左右。信之謂也。詩大雅。言文王所以能上接天。下接人。動順帝者。唯以信。又曰。淑慎爾止。無載爾僞。不信之謂也。逸詩也。言當善慎舉止。無載行詐僞。書曰某人某人會于澶淵。宋災故。尤之也。傳云既而無歸。所以釋諸侯大夫之不書也。又云宋災故。尤之。所以釋向戌之幷貶也。戌爲正卿。深致火災。燒殺其夫人。未聞克己之意。而以求財合諸侯。故與不歸財者同文不書魯大夫諱之也向戌既以災求財。諸大夫許而不歸。客主皆貶。君子以尊尊之義也。君親有隱。故畧不書魯大夫以示例鄭子皮授子產政伯有死。子皮知政。以子產賢。故讓之辭曰國小而偪偪近大國族大寵多不可爲也爲猶治也子皮曰虎帥以聽誰敢犯子子善相之國無小言在治政小能事大國乃寬爲大所恤故也子產爲政有事伯石賂與之邑伯石。公孫段。有事。欲使之子大叔曰國皆其國也奚獨賂焉言鄭大夫共憂鄭國事何爲獨賂之子產曰無欲實難言人不能無欲皆得其欲以從其事而要其成非我有成其在人乎言成猶在我非在他也○要一遙反何愛於邑邑將焉往言猶在國子大叔曰若四國何恐爲四鄰所笑子產曰非相違也而相從也言賂以邑欲爲和順四國何尤焉鄭書有之鄭國史書曰安定國家必大焉先先和大族而後國家安姑先安大以待其所歸要其成也既伯石懼而歸邑卒與之卒終也伯有既死使

大史命伯石爲卿。辭。大史退。則請命焉。請大史更命己復命之。又辭。如是三。乃受策入拜。子產是以惡其爲人也。惡其虛飾。○息暫反。又如字㊂使次己位。畏其作亂。故寵之子產使都鄙有章國都及邊鄙。車服尊卑各有分部。○㊀分扶運反上下有服公卿大夫。服不相踰。田有封洫。封。疆也。洫。溝也。廬井有伍廬。舍也。九夫爲井。使五家相保。大人之忠儉者謂卿大夫從而與之。泰侈者因而斃之因其有罪而斃踣之。○㊀踣蒲北反豐卷將祭。請田焉。弗許。田。獵也。○㊀卷眷勉反曰。唯君用鮮鮮。野獸衆給而已衆臣祭。以芻豢爲足子張怒子張，豐卷退而徵役召兵欲攻子產子產奔晉。子皮止之而逐豐卷。豐卷奔晉。子產請其田里請於公不沒入三年而復之。反其田里及其入焉田里所收入從政一年。輿人誦之曰。取我衣冠而褚之褚。畜也。奢侈者畏法。故畜藏。○褚音主畜音蓄取我田疇而伍之。孰殺子產。吾其與之並畔爲疇。○並蒲杏反及三年。又誦之曰。我有子弟。子產誨之。我有田疇。子產殖之殖。生也。○

殖時力反。又是吏反。子產而死，誰其嗣之。嗣，續也。傳言鄭所以興。

經三十有一年，春，王正月。夏，六月，辛巳，公薨于楚宮。公不居先君之路寢，而安所樂，失其所也。○樂音洛，一音岳，一五教反。

秋，九月，癸巳，子野卒。不書葬，未成君。己亥，仲孫羯卒。

冬，十月，滕子來會葬。諸侯會葬，非禮。癸酉，葬我君襄公。十有一月，莒人弒其君密州。不稱弒者主名，君無道也。

傳三十一年，春，王正月，穆叔至自會，澶淵會還。見孟孝伯，語之曰：趙孟將死矣。其語偷，不似民主偷。苟且。○語之。魚據反。下語諸同。且年未盈五十。而諄諄焉如八九十者。弗能久矣成二年。戰於鞌。趙朔已死。於是趙文子始生。至襄三十年會澶淵。蓋年四十八。故言未盈五十。○諄之閏反。又之純反若趙孟死。爲政者其韓子乎韓子。韓起吾子盍與季孫言之。可以樹善。君子也言韓起有君子之德。今方知政。可素往立善晉君將失政矣。若不樹焉。使早備魯使韓子早爲魯備既而政在大夫韓子懦弱。大夫多貪。求欲無厭。齊楚未足與也。魯其懼哉。孝伯曰。

人生幾何。誰能無偷。朝不及夕。將安用樹穆叔出而告人曰。孟孫將死矣。吾語諸趙孟之偷也。而又甚焉。言朝不及夕。偷之甚也。(懦)乃亂反(厭)於鹽反又與季孫語晉故。如與孟孫言季孫不從。及趙文子卒在昭元年晉公室卑。政在侈家。韓宣子爲政。不能圖諸侯。魯不堪晉求。讒慝弘多。是以有平丘之會平丘會。在昭十三年。晉人執季孫意如齊子尾害閭丘嬰。欲殺之。使帥師以伐陽州。陽州。魯地我問師故。魯以師往。問齊何故伐我夏五月子尾殺閭丘嬰以說于我師言伐魯者。嬰所爲也。伐陽州不書。不成伐。○說如字工僂灑渻竈孔虺賈寅出奔莒四子。嬰之黨。○僂力侯反灑所蟹反渻生領反虺許鬼反出羣公子爲昭十年欒高之難。復羣公子起本公作楚宮適楚好其宮。歸而作之穆叔曰。大誓云。民之所欲。天必從之今尚書大誓亦無此文。故諸儒疑之君欲楚也夫。故作其宮。若不復適楚。必死是宮也。六月辛巳。公薨于楚宮。叔仲帶竊其拱璧拱璧。公大璧以與御人。納諸其懷而從取之。由是得罪。得罪，謂魯人薄之。故子孫不得志於魯。立胡女敬歸之子子野。胡，歸姓之國。敬歸，襄公妾。次于季氏。秋九月癸巳，卒，毀也。過哀毀瘠，以致滅性。○瘠，在亦反己亥，孟孝伯卒。終穆叔言。立敬歸之娣齊歸之子公子裯。齊，謚。裯，昭公名。○裯，直由反穆叔不欲，曰：大子死，有母弟則立之，無則立長。立庶子則以年。年鈞擇賢。義鈞則卜，古之道也。先人事後卜筮也。義鈞，謂賢等。非適嗣，何必娣之子。言子野非適嗣。○適，丁歷反且是人也，居喪而不哀在慼而有嘉容是謂不度不度之人鮮不爲患若果立之必爲季氏憂武子不聽卒立之比及葬三易衰衰衽如故衰言其嬉戲無度○比必祕反三如字又息暫反衰七雷反於是昭公十九年矣猶有童心君子是以知其不能終也爲昭二十五年公孫於齊傳冬十月滕成公來會葬惰而多涕惰不敬也○涕他禮反子服惠伯曰滕君將死矣怠於其位而哀已甚兆於死所矣有死兆能無從乎爲昭三年

滕子卒傳癸酉。葬襄公。公薨之月。子產相鄭伯以如晉。晉侯以我喪故未之見也。子產使盡壞其館之垣而納車馬焉。士文伯讓之曰敝邑以政刑之不脩。寇盜充斥充。滿。斥。見。言其多。○壞音怪。下皆同。斥見賢遍反。下同無若諸侯之屬辱在寡君者何是以令吏人完客所館館。舍也高其閈閎閎。門也。○閈戶旦反。閎也。里門曰閈。閎獲耕反。衡門謂之閎厚其牆垣。以無憂客使無令客使憂寇盜。○使所吏反今吾子壞之。雖從者能戒。

其若異客何以敝邑之爲盟主繕完葺牆葺覆也○從才用反下同以待賓客若皆毀之其何以共命寡君使匄請命請問毀垣之命○共音恭匄古害反○士文伯名也對曰以敝邑褊小介於大國介閒也誅求無時誅責也是以不敢寧居悉索敝賦以來會時事隨時來朝會○索所白反逢執事之不閒而未得見又不獲聞命未知見時不敢輸幣亦不敢暴露其輸之則君之府實也非薦陳之不敢輸也薦陳猶獻

見也。○閒音閑，暴步卜反，下同。其暴露之，則恐燥濕之不時而朽蠹，以重敝邑之罪。僑聞文公之爲盟主也，僑，子產名。文公，晉重耳。○燥，素早反。宮室卑庳，無觀臺榭，以崇大諸侯之館。館如公寢，庫廄繕脩，司空以時平易道路，易，治也。○庳音婢，亦音卑。觀，古亂反。圬人以時塓館宮室。圬人，塗者。塓，塗也。○圬音烏。塓，莫歷反。諸侯賓至，甸設庭燎，庭燎，設火於庭。僕人巡宮，巡宮，行夜。○行，下孟反，下巡行同。車馬有所，有所處。賓從有代，代客役。巾車脂轄，巾車，主車之官隸人牧圉。各瞻其事瞻視客所當得百官之屬。各展其物展。陳也。謂羣官各陳其物以待賓公不留賓。而亦無廢事賓得速去。則事不廢憂樂同之。事則巡之巡。行也教其不知。而恤其不足。賓至如歸。無寧菑患言見遇如此。寧當復有菑患邪。無寧。寧也。○菑音災不畏寇盜。而亦不患燥溼。今銅鞮之宮數里。銅鞮。晉離宮。○鞮丁兮反數所主反而諸侯舍於隸人。舍如隸人舍門不容車。而不可踰越門庭之內迫迮。又有牆垣之限。○迮側百反盜賊公行。而夭厲

不戒 癘猶災也。言水潦無時 賓見無時。命不可知。若又勿壞。是無所藏幣。以重罪也。敢請執事。將何所命之 問晉命已所止之宜。○見賢遍反 雖君之有魯喪。亦敝邑之憂也 言鄭與魯。亦有同姓之憂 若獲薦幣 薦。進也 脩垣而行 行。去也 君之惠也。敢憚勤勞。文伯復命 反命於晉君 趙文子曰。信。信。如子產言 我實不德。而以隸人之垣。以贏諸侯 贏。受也。○贏音盈 是吾罪也。使士文伯謝不敏焉。晉侯見鄭伯。有加禮 禮加敬厚其宴好而歸之。乃築諸侯之館。叔向曰。辭之不可以已也如是夫。子產有辭。諸侯賴之。若之何其釋辭也。詩曰。辭之輯矣。民之協矣。辭之繹矣。民之莫矣。詩大雅。言辭輯睦則民協同。辭說繹則民安定。莫猶定也。其知之矣。謂詩人知辭之有益。鄭子皮使印段如楚。以適晉告。禮也。得事大國之禮。莒犁比公生去疾及展輿。犁比。莒子密州之號。○比音毗。去起呂反。既立展輿。立以為世子。又廢之。犁比公虐。國人患之。十一月。展輿因國人以攻莒子。弒之。乃立展輿立爲君去疾奔齊。齊出也母齊女也展輿吴出也爲明年奔吴傳書曰莒人弒其君買朱鉏買朱鉏。密州之字。鉏仕居反言罪之在也罪在鉏也。傳始例申明君臣書弒。今者父子。故復重明例。復扶又反吴子使屈狐庸聘于晉狐庸。巫臣之子也。成七年適吴爲行人。屈君勿反通路也通吴晉之路趙文子問焉。曰。延州來季子。其果立乎延州來。季札邑巢隕諸樊在二十五年閽戕戴吴在二十九年。戴吴。餘祭。祭側界反天似啓之。何如。對曰。不立。是二王之命也。非啟季子也。若天所啟。其在今嗣君乎。嗣君。謂夷末甚德而度。德不失民。民歸德度不失事。審事情民親而事有序。其天所啟也。有吳國者。必此君之子孫實終之。季子守節者也。雖有國不立。言其三兄雖欲傳國與之。終不肯立十二月。北宮文子相衛襄公以如楚。文子。北宮佗。襄公。獻公子宋之盟故也。晉楚之從。交相見也過鄭。印段迋勞于棐林。如聘禮而以勞辭。用聘禮而用郊勞之辭○〔過〕丁禾反〔迋〕于況反

〔勞〕力報反〔棐〕芳尾反文子入聘報印段子羽爲行人。馮簡子與子大叔逆客逆文子事畢而出言於衞侯曰。鄭有禮。其數世之福也。其無大國之討乎。詩云。誰能執熱。逝不以濯。詩大雅。濯以水濯手。〔數〕所主反禮之於政。如熱之有濯也。濯以救熱。何患之有此以上文子辭子產之從政也。擇能而使之。馮簡子能斷大事。子大叔美秀而文其貌美。其才秀。〔斷〕丁亂反公孫揮能知四國之爲知諸侯所欲爲而辨於其大夫之族姓。班位。貴賤。能否。而又善爲辭令。裨諶能謀。謀於野則獲。得所謀也謀於邑則否。此才性之蔽鄭國將有諸侯之事。子產乃問四國之爲於子羽。且使多爲辭令。與裨諶乘以適野。使謀可否。而告馮簡子使斷之。事成。乃授子大叔使行之。以應對賓客。是以鮮有敗事。北宮文子所謂有禮也傳跡子產行事。以明北宮文子之言。○〔乘〕去聲

鄭人游于鄉校鄉之學校○〔校〕戶孝反。鄭國謂學爲校以論執

政論其得失然明謂子產曰。毀鄉校如何患人於中謗議國政子產曰。何爲夫人朝夕退而游焉。以議執政之善否。其所善者。吾則行之。其所惡者。吾則改之。是吾師也。若之何毀之。我聞忠善以損怨爲忠善則怨謗息○朝直遥反惡去聲。又如字不聞作威以防怨欲毀鄉校即作威豈不遽止。然猶防川遽。畏懼也大決所犯傷人必多。吾不克救也。不如小決使道道。通也○道音導不如吾聞而藥之也以爲己藥石然明曰蔑也今而後知吾子之信可事也小人實不才若果行此其鄭國實賴之豈唯二三臣仲尼聞是語也曰以是觀之人謂子產不仁吾不信也（仲尼以二十二年生於是十歲長而後聞之）子皮欲使尹何爲邑（爲邑大夫）子產曰少未知可否（尹何年少）子皮曰愿吾愛之不吾叛也（愿謹善也）使夫往而學焉夫亦愈知治矣（夫謂尹何）子產曰不可人之愛人求利之也今吾子愛人則以政（以政與之）猶未

能操刀而使割也。其傷實多。多自傷子之愛人。傷之而已。其誰敢求愛於子。子於鄭國棟也。棟折榱崩。僑將厭焉。敢不盡言。子有美錦。不使人學製焉。製，裁也。○榱所追反。厭於甲反。又於輒反。下同。大官大邑身之所庇也。而使學者製焉。其爲美錦。不亦多乎。言官邑之重。多於美錦。僑聞學而後入政。未聞以政學者也。若果行此。必有所害。譬如田獵。射御貫則能獲禽。貫，習也。若未嘗登車射御。則敗績厭覆是懼何暇思獲子皮曰善哉虎不敏吾聞君子務知大者遠者小人務知小者近者我小人也衣服附在吾身我知而慎之大官大邑所以庇身也我遠而慢之慢易也微子之言吾不知也他日我曰子爲鄭國我爲吾家以庇焉其可也今而後知不足自知謀慮不足謀其家自今請雖吾家聽子而行子産曰人心之不同如其面焉吾豈敢謂子面如吾面乎

抑心所謂危亦以告也子皮以爲忠故委政焉子產是以能爲鄭國傳言子產之治乃子皮之力衛侯在楚北宮文子見令尹圍之威儀言於衛侯曰令尹似君矣將有他志言語瞻視行步不常雖獲其志不能終也詩云靡不有初鮮克有終終之實難令尹其將不免公曰子何以知之對曰詩云敬愼威儀惟民之則令尹無威儀民無則焉民所不則以在民上不可以終公曰善

哉。何謂威儀。對曰。有威而可畏謂之威。有儀而可象謂之儀。君有君之威儀。其臣畏而愛之。則而象之。故能有其國家。令聞長世。臣有臣之威儀。其下畏而愛之。故能守其官職。保族宜家。順是以下。皆如是。是以上下能相固也。衛詩曰。威儀棣棣。不可選也。詩邶風。棣棣。富而閑也。選數也。○鮮息淺反。選息究反。數所主反。下同言君臣上下。父子兄弟。內外大小。皆有威儀也。周詩曰。朋友攸攝攝以威儀詩大雅。攸。所也。攝。佐也言朋友之道必相教訓以威儀也周書數文王之德逸書曰大國畏其力小國懷其德言畏而愛之也詩云不識不知順帝之則言則而象之也大雅。又言文王行事無所斟酌。唯在則象上天紂囚文王七年諸侯皆從之囚紂於是乎懼而歸之可謂愛之文王伐崇再駕而降爲臣文王聞崇德亂而伐之三旬不降。退脩教而復伐之。因壘而降蠻夷帥服可謂畏之文王之功天下誦而歌舞之可謂則之文王之行至今爲法可謂象之有威儀也故君子在位可畏施舍可愛進退可度周旋可則容止可觀作事可法德行可象聲氣可樂動作有文言語有章以臨其下謂之有威儀也行下孟反下同樂音洛又音岳

春秋經傳集解襄公六第十九

舉人臣王錫奎敬書

春秋卷十九考證

二十九年傳楚人使公親襚註今楚欲依遣使之比○案雜記曰弔者含襚賵臨是諸侯之臣使鄰國禮也楚欲輕魯使公下同使臣之禮故註言依遣使之比

殿本閣本無依字義似未晰

郟敖即位註郟敖康王子熊麇也○麇

殿本閣本作麋案楚世家作員司馬貞索隱引此作麏諸書互異然麋字居筠切又衢雲切與員麏較近若麋則武悲切相去遠甚

自鄶以下無譏焉註言季子聞此二國歌不復譏論之

○案二國謂鄫曹也閣本監本作三國訛

三十年傳二月癸未晉悼夫人食輿人之城杞者○案

二月　殿本閣本作三月是也以長歷推之癸未乃

三月之二十三日若作二月則下文四月不當有已

亥

亥有二首六身註亥字二畫在上併三六爲身如算之

六○三六各本俱作三人案人字有似算家豆馬一

縱一横爲六故云如算之六則作三人爲身于義較

得今仍原本而附識之

然則二萬六千六百有六旬也○六千　殿本作二千

非是蓋甲子一周乃六十日總四百四十五甲子合有二萬六千七百日以其季之甲子今日方是癸未甫得三分之一故少四十日與二萬六千六百六旬之數正合況史趙以亥字三人爲三六之義則此安得云二千乎

衛北宮佗註佗北宮括之子○括　殿本閣本作結案括即北宮懿子也結則經傳未聞其人

豐卷奔晉子產請其田里註請于公不沒入○案註言子產請命鄭伯不使豐卷田里沒入于官他本作請于公不役人謬矣

三十一年傳過鄭音義過五禾反○案此是經過之過音歌不當用五禾反恐五字係工字之訛雖諸本皆然而音切不合當改正

春秋經傳集解昭公一第二十

昭公名裯。襄公子。母齊歸。在位二十五年。孫于齊。在外八年。凡二十三年。薨于乾侯。謚法。威儀恭明曰昭。

盡三年

經元年春王正月。公即位。無傳叔孫豹會晉趙武、楚公子圍、齊國弱、宋向戌、衛齊惡、陳公子招、蔡公孫歸生、鄭罕虎、許人、曹人于虢。招實陳侯母弟。不稱弟者。義與莊二十五年公子友同。今讀舊書。則楚當先晉。而先書趙武者。亦取

宋盟貴武之信。故尚之也。衞在陳蔡上。先至於會。○招常遥反號瓜百反當先悉薦反

三月。取鄆。不稱將帥。將卑師少。書取。言易也。○鄆音運夏。秦伯之弟鍼出奔晉。稱弟。罪秦伯。○鍼其廉反六月丁巳。邾子華卒。無傳。三同盟晉荀吴帥師敗狄于大鹵。大鹵。大原晉陽縣。○大鹵如字。又音泰秋。莒去疾自齊入于莒。國逆而立之曰入。○去起呂反莒展輿出奔吴。弒君賊。未會諸侯。故不稱爵叔弓帥師疆鄆田。春取鄆。今正其封疆葬邾悼公。無傳冬。十有一月己酉。楚子麇卒。楚以瘧疾赴。故不書弒。○麇九倫反楚公

子比出奔晉書名。罪之

傳元年。春。楚公子圍聘于鄭。且娶於公孫段氏。伍舉爲介伍舉。椒舉。介。副也將入館就客舍鄭人惡之知楚懷詐。惡烏路反。使行人子羽與之言。乃館於外舍城外既聘。將以衆逆以兵入逆婦子產患之。使子羽辭曰。以敝邑褊小。不足以容從者。請墠聽命欲於城外除地爲墠。行昏禮。褊必淺反。墠音善令尹命大宰伯州犁對曰。君辱貺寡大夫圍。謂圍將使豐氏撫有而室（豐氏公孫段）圍布几筵告於莊共之廟而來（莊王圍之祖。共王圍之父）若野賜之是委君貺於草莽也是寡大夫不得列於諸卿也（言不得從卿禮）不寧唯是又使圍蒙其先君（蒙欺也告先君而來不得成禮於女氏之廟故以爲欺先君）將不得爲寡君老（大臣稱老懼辱命而黜退）其蔑以復矣唯大夫圖之子羽曰小國無罪恃實其罪（恃大國而無備則是罪）將恃大國之安靖己而無乃包藏禍心以圖之小國失恃而懲諸侯使莫不憾者，距違君命，而有所壅塞不行，是懼。言已失所恃，則諸侯懲恨，以距君命，壅塞不行，所懼唯此。不然，敝邑館人之屬也，館人，守舍人也。其敢愛豐氏之祧？祧，遠祖廟。○祧，他彫反。伍舉知其有備也，請垂橐而入。垂橐，示無弓。○橐音羔，弓衣也。許之。正月乙未，入，逆而出，遂會於虢，虢，鄭地。尋宋之盟也。宋盟在襄二十七年。祁午謂趙文子曰：宋之盟，楚人得志於晉。得志，謂先歃。午，祁奚子。○歃，所洽反。今令尹之不信，諸侯之所聞也，子弗戒，懼又如宋恐楚復得志子木之信稱於諸侯猶詐晉而駕焉駕猶陵也詐謂衷甲○衷音忠況不信之尤者乎尤甚也楚重得志於晉晉之恥也子相晉國以爲盟主於今七年矣襄二十五年始爲政以春言故云七年○重直用反再合諸侯襄二十五年會夷儀二十六年會澶淵三合大夫襄二十七年會于宋三十年會澶淵及今會虢也服齊狄寧東夏襄二十八年齊侯白狄朝晉平秦亂襄二十六年秦晉爲成城淳于襄二十九年城杞之淳于杞遷都師徒不頓國家不罷民無謗

讟。讟，誹也。諸侯無怨，天無大災，子之力也。有令名矣，而終之以恥，午也是懼，吾子其不可以不戒。文子曰：武受賜矣。誒受午。然宋之盟，子木有禍人之心，武有仁人之心，是楚所以駕於晉也。今武猶是心也，楚又行僭，僭，不信。非所害也。武將信以爲本，循而行之，譬如農夫，是穮是蓘。穮，耘也。壅苗爲蓘。穮音標，蓘音袞。雖有饑饉，必有豐年。言耕鉏不以水旱息，必獲豐年之收。饉，其靳反。收，手又反，又如字。且吾聞之，能信不爲人下吾未能也自恐未能信也詩曰不僭不賊鮮不爲則信也詩大雅僭不信賊害人也能爲人則者不爲人下矣吾不能是難楚不爲患楚令尹圍請用牲讀舊書加于牲上而已舊書宋之盟書楚恐晉先歃故欲從舊書加于牲上不歃血經所以不書盟○難乃旦反晉人許之三月甲辰盟楚公子圍設服離衛設君服二人執戈陳於前以自衛離陳也叔孫穆子曰楚公子美矣君哉美服似君鄭子皮曰二執戈者前矣禮國君行有二執戈者在

昭元年

前蔡子家曰：蒲宮有前，不亦可乎？公子圍在會。特緝蒲爲王殿屋。屏蔽以自殊異。言既造王宮而居之。雖服君服。無所怪也楚伯州犁曰：此行也，辭而假之寡君。聞諸大夫譏之。故言假。以飾令尹過鄭行人揮曰：假不反矣。言將遂爲君伯州犁曰：子姑憂子晳之欲背誕也。襄三十年。鄭子晳殺伯有。背命放誕。將爲國難。言子且自憂此。無爲憂令尹不反戈。○背音佩子羽曰：當璧猶在，假而不反，子其無憂乎？子羽。行人揮。當璧。謂弃疾。事在昭十三年言弃疾有當璧之命。圍雖取國。猶將有難。不無憂也齊國子曰：吾代二

乾隆四十八年

子慭矣國子。國弱也。二子。謂王子圍。及伯州犂。圍此冬便篡位。不能自終。州犂亦尋爲圍所殺。故言可慭陳公子招曰不憂何成二子樂矣言以憂生事。事成而樂。○樂音洛衞齊子曰苟或知之雖憂何害齊子。齊惡。言先知爲備。雖有憂難。無所損害宋合左師曰大國令小國共吾知共而已共承大國命。不能知其禍福○共音恭晉樂王鮒曰小旻之卒章善矣吾從之小旻。詩小雅。其卒章。義取非唯暴虎馮河之可畏也。不敬小人亦危殆。王鮒從斯義。故不敢譏議公子圍。○鮒音付退會子羽謂子皮曰叔孫絞而婉絞切也。譏其似君。反謂之美。故曰婉宋左師簡而禮無所臧否。故曰簡。共事大國故曰禮。○否音鄙樂王鮒字而敬字愛也。不犯凶人。所以自愛敬子與子家持之子子皮。子家蔡公孫歸生。持之言無所取與皆保世之主也齊衛陳大夫其不免乎國子代人憂子招樂憂齊子雖憂弗害夫弗及而憂與可憂而樂與憂而弗害皆取憂之道也憂必及之大誓曰民之所欲天必從之逸書。○樂音洛三大夫兆憂憂能無至乎開憂兆也言以知物其是之謂矣物類也察言以知禍福之類八年陳招殺大子國弱齊惡當身各無患季武子伐莒取鄆兵未加莒而鄆服故書取而不言伐莒人告於會楚告於晉曰尋盟未退尋弭兵之盟而魯伐莒瀆齊盟瀆慢也請戮其使時叔孫豹在會欲戮之樂桓子相趙文子桓子樂王鮒相佐也欲求貨於叔孫而爲之請使請帶焉難指求貨故以帶爲辭○而爲去聲弗與梁其踁曰貨以藩身子何愛焉踁叔孫家臣○踁戶定反叔孫曰諸侯之會衛社稷也我以貨免魯必受

師言不戮其使必伐其國是禍之也。何衛之爲。人之有牆以蔽惡也。喻己爲國衛如牆爲人蔽牆之隙壞誰之咎也。咎在牆衛而惡之吾又甚焉。罪甚牆雖怨季孫。魯國何罪。怨季孫之伐莒叔出季處有自來矣吾又誰怨。季孫守國。叔孫出使。所從來久。今遇此戮。無所怨也然鮒也賄弗與不已。召使者。裂裳帛而與之曰帶其褊矣。言帶褊盡。故裂裳。示不相逆趙孟聞之曰臨患不忘國忠也。謂言魯國何罪思難不越官信也。謂言叔出季處難乃旦反。下同。圖國忘死，貞也。謂不以貨免。謀主三者，義也。三者忠信貞。有是四者，又可戮乎。并義而四。乃請諸楚曰：魯雖有罪，其執事不辟難，執事謂叔孫。畏威而敬命矣。謂不敢辟戮。子若免之，以勸左右，可也。若子之羣吏，處不辟汚，汚勞事。出不逃難，不苟免。其何患之有。患之所生，汚而不治，難而不守，所由來也。能是二者，又何患焉。不靖其能，其誰從之。安靖賢能則衆附從。魯叔孫豹可謂能矣，請免之以靖能者。子會而赦有罪。不伐魯又賞其賢。赦叔孫諸侯其誰不欣焉望楚而歸之。視遠如邇。疆埸之邑。一彼一此。何常之有。言今衰世。疆埸無定主王伯之令也。言三王五伯有令德時引其封疆引。正也。正封界而樹之官。樹。立也。立官以守國舉之表旗旌旗以表貴賤而著之制令。爲諸侯作制度法令。使不得相侵犯過則有刑。猶不可壹。於是乎虞有三苗。三苗。饕餮。放三危者夏有觀扈。觀國。今頓丘衛縣。扈在始平鄠縣。書序曰。啓與有扈戰于甘之野。○觀音館商有姚邳二國。商諸侯。邳。今下邳縣。○姚西典反。又西禮反周有徐奄二國皆嬴姓。書序曰。成王伐淮夷。遂踐奄。徐即淮夷自無令王。諸侯逐進逐猶競也狎主齊盟。其又可壹乎彊弱無常。故更主盟。○更音庚恤大舍小。足以為盟主大。謂篡弑滅亡之禍又焉用之焉用治小事。○焉於虔反封疆之削。何國蔑有。主齊盟者。誰能辯焉辯。治也吳濮有釁。楚之執事。豈其顧盟吳在東。濮在南。今建寧郡南有濮夷。釁。過也莒之疆事。楚勿與知。諸侯無煩。不亦可乎。莒魯爭鄆。為日久矣。苟無大害於其社稷可無亢也亢禦○與音預亢苦浪反又音剛去煩宥善莫不競勸子其圖之固請諸楚楚人許之乃免叔孫令尹享趙孟賦大明之首章大明詩大雅首章言文王明明照於下故能赫赫盛於上令尹意在首章故特稱首章以自光大○去起呂反趙孟賦小宛之二章小宛詩小雅二章取其各敬爾儀天命不又言天命一去不可復還以戒令尹事畢趙孟謂叔向曰令尹自以爲王矣何如問將能成否對曰王弱令尹彊其可哉言可成雖可不終趙孟曰何

故對曰彊以克弱而安之彊不義也安於勝君是彊而不義不義而彊其斃必速詩曰赫赫宗周褒姒滅之彊不義也詩小雅褒姒周幽王后幽王惑焉而行不義遂至滅亡言雖赫赫盛彊不義足以滅之○滅如字詩作烕令尹為王必求諸侯晉少懦矣懦弱也○懦乃亂反諸侯將往若獲諸侯其虐滋甚滋益也民弗堪也將何以終夫以彊取取不以道不義而克必以為道以不義為道道以淫虐弗可久已矣為十三年楚弒靈王傳夏四月趙孟叔

孫豹曹大夫。入于鄭會罷過鄭鄭伯兼享之。子皮戒趙孟戒享期禮終。趙孟賦瓠葉受所戒禮畢而賦詩瓠葉詩小雅。義取古人不以微薄廢禮。雖瓠葉兔首。猶與賓客享之。○瓠戶故反子皮遂戒穆叔。且告之告以趙孟賦瓠葉穆叔曰。趙孟欲一獻瓠葉詩。義取薄物而以獻獻酬。知欲一獻子其從之。子皮曰。敢乎言不敢穆叔曰。夫人之所欲也。又何不敢夫人。趙孟○夫音扶及享。具五獻之籩豆於幕下朝聘之制。大國之卿五獻趙孟辭趙孟自以今非聘鄭。故辭五獻私於子產私語曰武請於冢宰矣冢宰子皮請謂賦瓠葉乃用一獻趙孟爲客禮終乃宴卿會公侯享宴皆折俎不體薦○折之設反穆叔賦鵲巢鵲巢詩召南言鵲有巢而鳩居之喻晉君有國趙孟治之趙孟曰武不堪也又賦采蘩亦詩召南義取蘩菜薄物可以薦公侯享其信不求其厚也曰小國爲蘩大國省穡而用之其何實非命穆叔言小國微薄猶蘩菜大國能省愛用之而不棄則何敢不從命穡愛也○省所景反又所幸反子皮賦野有死麕之卒章野有死麕詩召南卒章曰舒而脫脫兮無感我帨兮無使尨也吠脫脫安徐帨佩巾義取君子

徐以禮來。無使我失節。而使狗驚吠。喻趙孟以義撫諸侯。無以非禮相加陵。○脫吐外反帨始銳反

趙孟賦常棣。常棣。詩小雅。取其凡今之人。莫如兄弟。言欲親兄弟之國。

且曰。吾兄弟比以安。尨也可使無吠。受子皮之詩。○比毗志反。下同

穆叔子皮及曹大夫興拜。三大夫皆兄弟國。興。起也。

舉兕爵曰。小國賴子。知免於戾矣。兕爵所以罰不敬。言小國蒙趙孟德。比以安。自知免此罰戮

飲酒樂。趙孟出曰。吾不復此矣。不復見此樂。○樂音洛。復去聲。下同

天王使劉定公勞趙孟於潁。館於雒汭。王。周景王。定公。劉夏。潁水出陽城縣。

雒汭在河南鞏縣南。水曲流為汭。○勞去聲。下同。潁音穎劉子曰。美哉禹功。見河雒而思禹功明德遠矣。微禹。吾其魚乎。吾與子弁冕端委。以治民臨諸侯。禹之力也。弁冕冠也。端委禮衣。言今得共服冠冕有國家者。皆由禹之力子盍亦遠績禹功。而大庇民乎勸趙孟使纂禹功對曰。老夫罪戾是懼。焉能恤遠。吾儕偷食。朝不謀夕。何其長也言欲苟免目前。不能念長久劉子歸。以語王曰。諺所謂老將知而耄及之者也。八十曰耄。耄亂也。○知音智其趙孟之謂乎爲晉正卿以主諸侯而儕於隸人朝不謀夕言其自比於賤人而無恤民之心弃神人矣民爲神主不恤民故神人皆去神怒民叛何以能久趙孟不復年矣言將死不復見明年神怒不歆其祀民叛不即其事祀事不從又何以年爲此冬趙孟卒起本叔孫歸號會歸曾夭御季孫以勞之旦及日中不出恨季孫伐莒使己幾被戮曾夭謂曾阜曾阜叔孫家臣曰旦及日中吾知罪矣魯以相忍爲國也忍其外不忍其內焉用之欲受

楚戮。是忍其外。日中不出。是不忍其內皋曰。數月於外言叔孫勞役在外數月。○數所主反一旦於是。庸何傷。賈而欲贏而惡囂乎言譬如商賈。求贏利者。不得惡諠囂之聲。○賈音古。惡烏路反。下同。囂許驕反。又五高反皋謂叔孫曰。可以出矣。叔孫指楹曰。雖惡是。其可去乎。乃出見之楹。柱也。以諭魯有季孫。猶屋有柱。○去起呂反

鄭徐吾犯之妹美犯。鄭大夫公孫楚聘之矣楚。子南。穆公孫公孫黑又使强委禽焉禽。鴈也。納采用鴈。○强其丈反犯懼。告子產。子產曰。是國無政。非子之患

也唯所欲與犯請於二子請使女擇焉皆許之子晳盛飾入布幣而出布陳贄幣子晳公孫黑子南戎服入左右射超乘而出女自房觀之曰子晳信美矣抑子南夫也言丈夫○乘繩證反夫夫婦婦所謂順也適子南氏子晳怒既而櫜甲以見子南欲殺之而取其妻子南知之執戈逐之及衝擊之以戈衝交道子晳傷而歸告大夫曰我好見之不知其有異志也故傷大夫皆謀

之子產曰直鈞幼賤有罪罪在楚也先聘子南直也子南用戈子晳直也子產力未能討故鈞其事歸罪於楚○好如字一呼報反乃執子南而數之曰國之大節有五女皆奸之奸犯也○女音汝下皆同畏君之威聽其政尊其貴事其長養其親五者所以爲國也今君在國女用兵焉不畏威也奸國之紀不聽政也奸國之紀謂傷人○長丁丈反養如字子晳上大夫女嬖大夫而弗下之不尊貴也幼而不忌不事長也忌畏也兵其從

兄不養親也君曰余不女忍殺宥女以遠勉速行乎無重而罪五月庚辰鄭放游楚於吳將行子南子產咨於大叔大叔游楚之兄子○從如字又才用反大叔曰吉不能亢身焉能亢宗亢蔽也○亢苦浪反彼國政也非私難也子圖鄭國利則行之又何疑焉周公殺管叔而蔡蔡叔蔡放也○難乃旦反蔡蔡上素葛反下如字夫豈不愛王室故也吉若獲戾子將行之何有於諸游爲二年鄭殺公孫黑傳○夫音扶秦后

子有寵於桓如二君於景后子。秦桓公子。景公母弟鍼也。其權寵如兩君其母曰弗去懼選選。數也。恐景公數其罪而加戮。○選息轉反。又素短反數所主反癸卯鍼適晉其車千乘書曰秦伯之弟鍼出奔晉罪秦伯也罪失教后子享晉侯爲晉侯設享禮造舟于河造舟爲梁。通秦晉之道。○造七報反十里舍車一舍八乘。爲八反之備自雍及絳雍絳相去千里。用車八百乘。○雍於用反歸取酬幣備九獻之儀。始禮自齎其一。故續送其八。酬酒幣終事八反每十里以八乘車。各以次載幣相授而還。不徑至。故言八反。千里用車八百乘。其二百乘以自隨。故言千乘。傳言秦鍼之出。極奢富以成禮。欲盡敬於所赴司馬侯問焉。曰子之車盡於此而已乎。對曰此之謂多矣。若能少此。吾何以得見言己坐車多。故出奔○見賢遍反女叔齊以告公叔齊。司馬侯且曰秦公子必歸。臣聞君子能知其過。必有令圖。令圖天所贊也。后子見趙孟。趙孟曰吾子其曷歸問何時當歸對曰鍼懼選於寡君。是以在此。將待嗣君。趙孟曰秦君何如。對曰無道。趙孟曰亡乎。

對曰何爲一世無道國未艾也（艾絶也○艾魚廢反）國於天地有與立焉（言欲輔助之者多）不數世淫弗能斃也趙孟曰天乎對曰有焉趙孟曰其幾何對曰鍼聞之國無道而年穀和熟天贊之也（贊佐助也）鮮不五稔（鮮少也少尚當歷五年多則不蕃）趙孟視蔭曰朝夕不相及誰能待五（蔭日景也趙孟意衰以日景自喻故言朝夕不相及誰能待五○蔭於金反景如字又於領反）后子出而告人曰趙孟將死矣主民翫歲而愒日（翫愒皆貪也○愒苦

蓋反其與幾何言不能久。(與)如字。又羊茹反鄭爲游楚亂故游楚。子南六月。丁巳。鄭伯及其大夫盟于公孫段氏。罕虎。公孫僑。公孫段。印段。游吉。駟帶私盟于閨門之外。實薰隧。閨門。鄭城門。薰隧。門外道名。實之者。爲明年子產數子晳罪稱薰隧盟起本公孫黑強與於盟。使大史書其名。且曰七子。自欲同於六卿。故曰七子(強)其丈反(與)羊茹反子產弗討子晳強。討之恐亂國晉中行穆子敗無終及羣狄于大原即大鹵也。無終。山戎崇卒也崇。聚也將戰魏舒曰。彼徒我車所遇又阨。地險不便車阨於懈反以什共車。必克。更增十人以當一車之用。○共音恭困諸阨。又克。車每困於阨道。今去車。故爲必克。○去起呂反請皆卒去車爲步卒自我始。乃毁車以爲行魏舒先自毁其屬車爲步陳行戶郎反陳直覲反。下五陳同五乘爲三伍乘車者車三人。五乘十五人。今改去車。更以五人爲伍。分爲三伍。○五乘繩證反荀吳之嬖人不肯即卒。斬以徇魏舒輒斬之。荀吳不恨。所以能立功爲五陳以相離。兩於前。伍於後。專爲右角。參爲左角。偏爲前拒皆臨時處置之名。(拒)九甫反以誘之。翟人笑之笑其失常未陳而薄之。大敗之。傳言荀吳能用善謀莒展輿立。而奪羣公子秩。公子召去疾于齊。秋。齊公子鉏納去疾。齊雖納去疾。莒人先召之。故從國逆例書入。去疾奔齊。在襄三十一年展輿奔吳。吳外孫叔弓帥師疆鄆田。因莒亂也。此春取鄆。今正其疆界於是莒務婁瞀胡及公子滅明以大厖與常儀靡奔齊。三子。展輿黨。大厖、常儀靡。莒二邑。(務)如字。又音謀。一音無。(瞀)音茂。一音謀君子曰。莒展之不立。棄人也夫。奪羣公子秩。是弃人人可弃乎。詩曰：無競惟人。善矣。詩周頌。言惟得人則國家彊。晉侯有疾，鄭伯使公孫僑如晉聘，且問疾。叔向問焉，曰：寡君之疾病，卜人曰：實沈、臺駘爲祟。史莫之知，敢問此何神也？子產曰：昔高辛氏有二子，伯曰閼伯，季曰實沈，高辛，帝嚳。○駘，他才反。閼，於葛反。嚳，音酷。居于曠林，不相能也。曠林，地闕。○能，如字，又奴代反。日尋干戈，以相征討。尋，用也。后帝不臧，后帝，堯也。臧，善也。遷閼伯于商丘，主辰。商丘，宋地。主祀辰星。辰，大火也。

商人是因，故辰爲商星（商人湯先相土封商丘，因閼伯故國，祀辰星）。遷實沈于大夏，主參（大夏，今晉陽縣。參音森，下同），唐人是因，以服事夏商（唐人，若劉累之等。累遷魯縣，此在大夏）。其季世曰唐叔虞（唐人之季世，其君曰叔虞）。當武王邑姜方震大叔（邑姜，武王后，齊大公之女。懷胎爲震。大叔，成王之弟叔虞。震音振，又音申。大音泰），夢帝謂己：余命而子曰虞（帝，天。取唐君之名），將與之唐，屬諸參，而蕃育其子孫。及生，有文在其手曰虞，遂以命之。及成王滅唐，而封大叔焉。

故參爲晉星叔虞封唐是爲晉侯○屬之玉反蕃音煩由是觀之則實沈參神也昔金天氏有裔子曰昧爲玄冥師生允格臺駘金天氏帝少皞裔遠也玄冥水官昧爲水官之長臺駘能業其官纂昧之業宣汾洮宣猶通也汾洮二水名○洮他刀反障大澤陂障之○障之尚反又音章以處大原大原晉陽也臺駘之所居帝用嘉之封諸汾川帝顓頊沈姒蓐黃實守其祀四國臺駘之後○沈音審今晉主汾而滅之矣滅四國由是觀之則臺駘汾神也抑此二者不及

君身。山川之神。則水旱癘疫之災。於是乎禜之有水旱之災。則禜祭山川之神。若臺駘者。周禮。四曰禜祭。爲營欑用幣。以祈福祥。禜音詠欑子管反日月星辰之神。則雪霜風雨之不時。於是乎禜之星辰之神。若實沈者若君身。則亦出入飲食哀樂之事也。山川星辰之神。又何爲焉言實沈臺駘不爲君疾僑聞之。君子有四時。朝以聽政聽國政晝以訪問問可否夕以脩令念所施夜以安身。於是乎節宣其氣宣。散也勿使有所壅閉湫底。以露其體。湫。集也。底。滯也。露。羸也。壹之則血氣集滯而體羸露。○壅於勇反。湫子小反。又音秋。底丁禮反。茲心不爽。而昏亂百度。茲。此也。爽。明也。百度。百事之節。今無乃壹之。同四時也。則生疾矣。僑又聞之。內官不及同姓。內官。嬪御。其生不殖。殖。長也。美先盡矣。則相生疾。同姓之相與。先美矣。美極則盡。盡則生疾。君子是以惡之。故志曰。買妾不知其姓。則卜之。違此二者。古之所慎也。壹四時。取同姓。二者古人所慎。○惡如字。又烏路反。取七住反。男女辨姓。禮之大司也。辨。別也。今君內實有四姬焉同姓姬四人其無乃是也乎若由是二者弗可爲也巳爲治也四姬有省猶可無則必生疾矣據異姓去同姓故言省省所景反又所幸反叔向曰善哉肹未之聞也此皆然矣叔向出行人揮送之送叔向叔向問鄭故焉且問子皙對曰其與幾何言將敗不久與如字又音預無禮而好陵人怙富而卑其上弗能久矣爲明年鄭殺公孫黑傳晉侯聞子產之言曰博物君子也重賄之晉侯求醫於秦

秦伯使醫和視之。曰。疾不可爲也。是謂近女室疾如蠱蠱惑疾非鬼非食。惑以喪志惑女色而失志○喪息浪反良臣將死。天命不祐良臣不匡救君過。故將死。而不爲天所祐公曰。女不可近乎。對曰。節之。先王之樂所以節百事也。故有五節五聲之節遲速本末以相及。中聲以降。五降之後。不容彈矣此謂先王之樂得中聲。聲成五降而息也。降。罷退。○彈徒丹反。又徒旦反於是有煩手淫聲。慆堙心耳。乃忘平和。君子弗聽也五降而不息。則雜聲竝奏所謂鄭衛之聲○慆吐刀反物亦如之言百事皆如樂不可失節至於煩乃舍也已無以生疾煩不舍則生疾○舍音捨君子之近琴瑟以儀節也非以慆心也爲心之節儀使動不過度天有六氣謂陰陽風雨晦明也降生五味謂金味辛木味酸水味鹹火味苦土味甘皆由陰陽風雨而生發爲五色辛色白酸色青鹹色黑苦色赤甘色黃發見也○見賢遍反徵爲五聲白聲商青聲角黑聲羽赤聲徵黃聲宮徵驗也○聲徵張里反淫生六疾淫過也滋味聲色所以養人然過則生害六氣曰陰陽風雨晦明也分爲四時序

爲五節。六氣之化。分而序之。則成四時。得五行之節。過則爲菑。陰淫寒疾。寒過則爲冷。陽淫熱疾。熱過則喘渴。風淫末疾。末。四支也。風爲緩急。雨淫腹疾。雨濕之氣爲洩注。晦淫惑疾。晦。夜也。爲宴寢過節。則心惑亂。明淫心疾。明。晝也。思慮煩多。心勞生疾。女陽物而晦時。淫則生內熱惑蠱之疾。女常隨男。故言陽物。家道常在夜。故言晦時。今君不節不時。能無及此乎。出告趙孟。趙孟曰。誰當良臣。對曰。主是謂矣。主相晉國。於今八年。晉國無亂。諸侯無闕。可謂良矣和聞之國之大臣榮其寵祿任其大節有菑禍興而無改焉改改行以救菑○(行)去聲必受其咎今君至於淫以生疾將不能圖恤社稷禍孰大焉主不能禦吾是以云也云主將死趙孟曰何謂蠱對曰淫溺惑亂之所生也溺沈沒於嗜欲於文皿蟲爲蠱文字也皿器也器受蟲害者爲蠱○(皿)命景反又讀若猛穀之飛亦爲蠱穀久積則變爲飛蠱名曰蠱在周易女惑男風落山謂之蠱䷑巽下艮上蠱巽爲長女爲風艮爲少男爲山少男而

說長女非匹故惑山木得風而落皆同物也物猶類也趙孟曰良醫也厚其禮而歸之贈賄之禮楚公子圍使公子黑肱伯州犂城犨櫟郟黑肱王子圍之弟子皙也犨縣屬南陽郟縣屬襄城櫟今河南陽翟縣三邑本鄭地○犨尺州反櫟音歷又音鑠郟音夾鄭人懼子產曰不害令尹將行大事謂將弒君而先除二子也二子謂黑肱伯州犂禍不及鄭何患焉冬楚公子圍將聘于鄭伍舉爲介未出竟聞王有疾而還伍舉遂聘十一月己酉公子圍至入問

王疾。縊而弑之縊。絞也。孫卿曰。以冠纓絞之。長歷推己酉。十二月六日。經傳皆言十一月。月誤也。○縊一豉反遂殺其二子幕及平夏皆郟敖子右尹子干出奔晉子干。王子比宮廄尹子晳出奔鄭因築城而去殺大宰伯州犁于郟。葬王于郟。謂之郟敖郟敖。楚子麇使赴于鄭。伍舉問應爲後之辭焉問赴者對曰。寡大夫圍。伍舉更之曰。共王之子圍爲長伍舉更赴辭使從禮。此告終稱嗣。不以簒弑赴諸侯。○共音恭長丁丈反子干奔晉。從車五乘。叔向使與秦公子同食食祿同。○從才用反皆百人之餼百人。一卒也。其祿足百人。○餼音墍趙文子曰秦公子富謂秦鍼富強。秩祿不宜與子干同叔向曰底祿以德底。致也。底音旨○德鈞以年。年同以尊公子。以國不聞以富。且夫以千乘去其國。彊禦已甚。詩曰。不侮鰥寡。不畏彊禦。詩大雅。侮陵也。○夫音扶秦楚匹也。使后子與子干齒以年齒爲高下而坐辭曰。鍼懼選。楚公子不獲。是以皆來。亦唯命不獲。不得自安。言俱奔。事有優劣。唯主人命所處。謙辭且臣與羈齒。

無乃不可乎后子先來仕。欲自同於晉臣。爲主人。子干後來奔。以爲羈旅之客史佚有言曰非羈何忌忌。敬也。欲謙以自別。楚靈王即位遠罷爲令尹遠啓彊爲大宰靈王。公子圍也。即位易名熊虔。〇罷音皮。彊其良反鄭游吉如楚葬郟敖且聘立君。歸謂子產曰具行器矣行器。會備楚王汰侈而自說其事。必合諸侯。吾往無日矣。子產曰不數年未能也爲四年會申傳。〇說音悅。一始悅反。數所主反十二月。晉既烝烝。冬祭也趙孟適南陽將會孟子餘孟子餘。趙襄。趙武之曾祖。其廟在晉之南陽溫縣。往會祭之。甲辰朔。烝于溫。趙氏烝祭。甲辰。十二月朔。晉既烝。趙孟乃烝其家廟。則晉烝當在甲辰之前。傳言十二月。月誤。庚戌。卒。十二月七日。終劉定公秦后子之言。鄭伯如晉弔。及雍。乃復。弔趙氏。蓋趙氏辭之。而還。傳言大夫彊。諸侯畏而弔之。○雍於用反

經二年。春。晉侯使韓起來聘。夏。叔弓如晉。叔弓。叔老子。秋。鄭殺其大夫公孫黑。書名。惡之。薰隧盟。子產不討。遂以爲卿。故書之。○惡烏路反。冬。公如晉。至河乃復。弔少姜也。晉人辭之。故還。季孫宿如晉。致襚服也。公實以秋行。冬還。乃書

昭二年

傳。二年。春。晉侯使韓宣子來聘公即位故且告爲政而來見禮也代趙武爲政。雖盟主。而脩好同盟。故曰禮。○見賢遍反觀書於大史氏。見易象與魯春秋。曰周禮盡在魯矣易象。上下經之象辭。魯春秋。史記之策書。春秋遵周公之典以序事。故曰周禮盡在魯矣吾乃今知周公之德。與周之所以王也易象春秋。文王周公之制。當此時。儒道廢。諸國多闕。唯魯備。故宣子適魯而說之。○以王于況反說音悅公享之季武子賦緜之卒章緜。詩大雅。卒章義取文王有四臣。故能以緜緜致興盛。以晉侯比文王。以韓子比四輔韓子

乾隆四十八年 二二五

賦角弓（角弓。詩小雅。取其兄弟昏姻。無胥遠矣。言兄弟之國宜相親）季武子拜曰。敢拜子之彌縫敝邑。寡君有望矣（彌縫猶補合也。謂以兄弟之義）武子賦節之卒章（節。詩小雅。卒章取式訛爾心。以畜萬邦。以言晉德可以畜萬邦。○節才結反）既享。宴于季氏。有嘉樹焉。宣子譽之（譽其好也。○譽音餘）武子曰。宿敢不封殖此樹。以無忘角弓（封厚也。殖長也）遂賦甘棠（甘棠。詩召南。召伯息於甘棠之下。詩人思之。而愛其樹。武子欲封殖嘉樹如甘棠。以宣子比召公）宣子曰。起不堪也。無以及召公。宣子遂如齊納幣爲平公聘少姜見子雅子雅召子旗子旗子雅之子使見宣子宣子曰非保家之主也不臣志氣亢。見賢遍反。下見彊同見子尾子尾見彊彊子尾之子宣子謂之如子旗亦不臣大夫多笑之唯晏子信之曰夫子君子也夫子韓起君子有信其有以知之矣爲十年齊欒施高彊來奔張本自齊聘於衞衞侯享之北宮文子賦淇澳淇澳詩衞風美武公也言宣子有武公之德。澳於六反宣子賦木瓜木瓜亦衞風義取於欲厚報以爲好夏四月韓須如齊逆女須韓起之子。逆少姜齊陳無宇送女。致少姜。少姜有寵於晉侯。晉侯謂之少齊爲立別號。所以寵異之謂陳無宇非卿欲使齊以適夫人禮送少姜。○適丁歷反執諸中都中都。晉邑。在西河界休縣東南少姜爲之請曰。送從逆班班。列也畏大國也。猶有所易。是以亂作韓須。公族大夫。陳無宇。上大夫。言齊畏晉。改易禮制。使上大夫送。遂致此執辱之罪。蓋少姜謙以示譏

叔弓聘于晉。報宣子也此春韓宣子來聘晉侯使郊勞。聘禮。賓至近郊。君使卿勞之。○勞力報反辭曰。寡君使弓來繼

舊好。固曰。女無敢爲賓。徹命於執事。敝邑弘矣。徹。達也。○女音汝。下皆同敢辱郊使。請辭。辭郊勞。○使所吏反致館。辭曰。寡君命下臣來繼舊好。好合使成。臣之祿也。得通君命。則於己爲榮祿敢辱大館。敢。不敢叔向曰。子叔子知禮哉。吾聞之。曰忠信禮之器也。卑讓禮之宗也。宗猶主也辭不忘國。忠信也。謂稱舊好先國後己。卑讓也。始稱敝邑之弘。先國也。次稱臣之祿。後己也詩曰。敬慎威儀。以近有德。夫子近德矣。詩大雅秋。鄭公孫黑將作亂，欲去游氏而代其位。游氏，大叔之族。黑爲游楚所傷，故欲害其族。○去，起呂反。傷疾作而不果。前年游楚所擊創。○創，初良反。駟氏與諸大夫欲殺之。駟氏，黑之族。子產在鄙，聞之，懼弗及，乘遽而至。遽，傳驛。○傳，中戀反。使吏數之，責數其罪。曰：伯有之亂，在襄三十年。以大國之事，而未爾討也。務共大國命，不暇治女罪。○共，音恭。下同。爾有亂心無厭，國不女堪。專伐伯有，而罪一也。昆弟爭室，而罪二也。謂爭徐吾犯之妹。○厭，於鹽反。薰隧之盟，女矯君位而罪三也謂使大史書七子有死罪三何以堪之不速死大刑將至再拜稽首辭曰死在朝夕無助天爲虐子產曰人誰不死凶人不終命也作凶事爲凶人不助天其助凶人乎請以印爲褚師印子晳之子褚師市官○褚張呂反子產曰印也若才君將任之不才將朝夕從女女罪之不恤而又何請焉不速死司寇將至七月壬寅縊尸諸周氏之衢衢道也加木焉書其罪於木以加尸上

晉少姜卒。公如晉及河。晉侯使士文伯來辭曰。非伉儷也晉侯溺於所幸。爲少姜行夫人之服。故諸侯弔。不敢以私煩諸侯。故止之請君無辱。公還。季孫宿遂致服焉致少姜之襚服。公以末秋行。始冬還。還乃書之。故經在冬叔向言陳無宇於晉侯曰。彼何罪彼。無宇君使公族逆之。齊使上大夫送之。猶曰不共。君求以貪。國則不共逆卑於送是晉國不共而執其使。君刑已頗。何以爲盟主頗。不平。頗普多反且少姜有辭謂請無宇之辭冬十月。陳無宇

歸晉侯赦之十一月。鄭印段如晉弔弔少姜

經三年春王正月。丁未。滕子原卒襄二十五年盟重丘。○(重)直恭反夏。叔弓如滕。五月。葬滕成公卿共小國之葬禮過厚。葬襄公滕子來會。故魯厚報之。○(共)音恭。下皆同秋。小邾子來朝。八月。大雩。冬。大雨雹無傳。記災。○(雨)于付反(雹)蒲學反北燕伯款出奔齊不書大夫逐之。而言奔罪之也。書名。從告

傳。三年。春。王正月。鄭游吉如晉。送少姜之葬。梁丙與張趯見之二子。晉大夫。○(趯)他歷反梁丙曰。甚矣

哉子之爲此來也(卿共妾葬過禮甚○爲于僞反)子大叔曰將得已乎(言不得止)昔文襄之霸也(晉文公襄公)其務不煩諸侯令諸侯三歲而聘五歲而朝有事而會不協而盟(明王之制歲聘間朝在十三年今簡之)君薨大夫弔卿共葬事夫人士弔大夫送葬(先王之制諸侯之喪士弔大夫送葬在三十年蓋時俗過制故文襄雖節之猶過於古)足以昭禮命事謀闕而已(朝聘以昭禮盟會以謀闕)無加命矣(命有常)今嬖寵之喪不敢擇位而數於守適(不敢以其

位卑。而令禮數如守適。夫人。然則時適。夫人之喪。弔送之禮。已過文襄之制。而數所具反。又所主反適丁歷反唯懼獲戾。豈敢憚煩。少姜有寵而死。齊必繼室。繼室復薦女今茲吾又將來賀。不唯此行也。張趯曰。善哉。吾得聞此數也。然自今子其無事矣。譬如火焉。火。心星火中寒暑乃退。心以季夏昏中而暑退。季冬旦中而寒退此其極也。能無退乎。晉將失諸侯。諸侯求煩不獲。言將不能復煩諸侯二大夫退。子大叔告人曰。張趯有知。其猶在君子之後乎譏其無隱諱○知音智丁未。滕子原卒。同盟。故書名同盟於襄之世。亦應從同盟之禮。故傳發之齊侯使晏嬰請繼室於晉復以女繼少姜曰。寡君願事君朝夕不倦。將奉質幣。以無失時。則國家多難。是以不獲不得自來。○質之二反。又如字。難乃旦反不腆先君之適謂少姜以備內官。焜燿寡人之望。則又無祿。早世隕命。寡人失望。君若不忘先君之好。惠顧齊國。辱收寡人。徼福於大公丁公徼。要也。二公。齊先君。言收恤寡人。則先君與之福也○焜胡本反又音昆徼古堯反照臨敝邑鎮撫其社稷則猶有先君之適適夫人之女及遺姑姊妹遺餘也若而人言如常人不敢譽君若不棄敝邑而辱使董振擇之以備嬪嬙寡人之望也董正也振整也嬪嬙婦官○振之刃反一音真韓宣子使叔向對曰寡君之願也寡君不能獨任其社稷之事未有伉儷在縗絰之中是以未敢請制夫人之服則葬訖君臣乃釋服○任音壬君有辱命惠莫大焉若惠顧敝邑撫有晉

國賜之內主。豈唯寡君。舉羣臣實受其貺。其自唐叔以下。實寵嘉之唐叔。晉之祖既成昏許昏成晏子受禮受賓享之禮叔向從之宴。相與語。叔向曰。齊其何如問興衰晏子曰。此季世也。吾弗知。齊其爲陳氏矣不知其他。唯知齊將爲陳氏公弃其民。而歸於陳氏弃民不恤齊舊四量。豆區釜鍾。四升爲豆。各自其四。以登於釜四豆爲區。區斗六升。四區爲釜。釜六斗四升。登。成也。○量音亮。下同。區烏侯反。下皆同釜十則鍾六斛四斗陳氏三量皆登一焉。鍾乃大矣。登。加也。加一。謂加舊量之一也。以五升為豆。五豆為區。五區為釜。則區二斗。釜八斗。鍾八斛。以家量貸而以公量收之。貸厚而收薄。山木如市。弗加於山。魚鹽蜃蛤。弗加於海。賈如在山海。不加貴。蜃食軫反。賈音嫁。民參其力。二入於公。而衣食其一。言公重賦斂。參七南反。又音三。公聚朽蠹。而三老凍餒。三老。謂上壽中壽下壽。皆八十已上。不見養遇。國之諸市。屨賤踊貴。踊。刖足者屨。言刖多。踊音勇。民人痛疾。而或燠休之。燠休。痛念之聲。謂陳氏也。燠於喻反。一於六反。休虛喻反。又許留反其愛之如父母。而歸之如流水。欲無獲民。將焉辟之。箕伯直柄虞遂伯戲四人。皆舜後。陳氏之先。○戲許宜反其相胡公大姬已在齊矣胡公。四人之後。周始封陳之祖。大姬其妃也。言陳氏雖爲人臣。然將有國。其先祖鬼神。已與胡公共在齊。○大音泰叔向曰。然。雖吾公室。今亦季世也。戎馬不駕。卿無軍行言晉衰弱。不能征討救諸侯。○行戶郎反公乘無人。卒列無長百人爲卒。言人皆非其人。非其長。○乘繩證反庶民罷敝。而宮室滋侈滋。益也道殣相望。餓死爲殣○殣音覲。

路家也 而女富溢尤 女。嬖寵之家 民聞公命。如逃寇讎。欒。郤。胥原狐續慶。伯。降在皁隸 八姓。晉舊臣之族也。 皁隸。賤官 政在家門 大夫專政 民無所依。君日不悛。以樂慆憂 慆。藏。悛。改也。慆音滔樂音洛 。公室之卑。其何日之有 言今至 讒鼎之銘 讒。鼎名也 曰。昧旦丕顯。後世猶怠 昧旦。早起也。丕。大也。言夙興以務大顯。後世猶解怠 況日不悛。其能久乎。晏子曰。子將若何 問何以免此難 叔向曰。晉之公族盡矣。肸聞之。公室將卑。其宗族枝葉先落。則公從之。肸之宗十一族同祖爲宗。○肸許乙反唯羊舌氏在而已。肸又無子無賢子公室無度無法度幸而得死言得以壽終爲幸豈其獲祀言必不得祀初。景公欲更晏子之宅。曰子之宅近市。湫隘囂塵。不可以居湫。下。隘。小。囂。聲。塵。土。○湫子小反。徐音秋。又在酒反請更諸爽塏者爽。明。塏。燥。○塏音凱辭曰君之先臣容焉先臣晏子之先人臣不足以嗣之。於臣侈矣侈。奢也且小人近市。朝夕得所求。小人之利也。敢煩里旅旅。衆也。不敢勞衆爲巳宅公笑曰。子近市。識貴賤乎。對曰。旣利之。敢不識乎。公曰。何貴何賤。於是景公繁於刑繁。多也有鬻踊者。故對曰。踊貴屨賤。旣巳告於君。故與叔向語而稱之傳護晏子。令不與張趯同識。鬻。羊六反。賣也景公爲是省於刑。君子曰。仁人之言。其利博哉。晏子一言。而齊侯省刑。詩曰。君子如祉。亂庶遄巳詩小雅。如。行也。祉。福也。遄。疾也。言君子行福。則庶幾亂疾止也。爲。于僞反其是之謂乎。及晏子如晉。公更其宅反則成矣既拜拜謝新宅乃毀之而爲里室皆如其舊本壞里室以大晏子之宅故復之○壞音怪則使宅人反之還其故室○還音環且諺曰非宅是卜唯鄰是卜卜良鄰二三子先卜鄰矣二三子謂鄰人違卜不祥君子不犯非禮去儉即奢爲非禮小人不犯不祥古之制也吾敢違諸乎卒復其舊宅公弗許因陳桓子以請乃許之傳言齊晉之衰賢臣懷憂且言陳氏之興夏四月鄭伯如晉公孫段相甚敬而卑禮無違者

晉侯嘉焉。授之以策。策。賜命之書曰。子豐有勞於晉國。子豐。段之父余聞而弗忘。賜女州田。州縣今屬河內郡。○女音汝以胙乃舊勳。伯石再拜稽首。受策以出。君子曰。禮其人之急也乎。伯石之汰也。汰。驕也一爲禮於晉。猶荷其祿。況以禮終始乎。詩曰。人而無禮。胡不遄死。其是之謂乎。初。州縣欒豹之邑也。豹。欒盈族。○荷戶可反及欒氏亡。范宣子。趙文子。韓宣子。皆欲之。文子曰。温吾縣也。州本屬溫。溫。趙氏邑。二宣子曰。自郤稱以別。三傳矣【郤稱。晉大夫。始受州。自是州與溫別。至今傳三家。○稱尺證反傳直專反】晉之別縣不唯州。誰獲治之【言縣邑既別甚多。無有得追而治取之】文子病之。乃舍之。二子曰。吾不可以正議而自與也。皆舍之。及文子爲政。趙獲曰。可以取州矣【獲。趙文子之子。○乃舍音赦。又音捨。下同】文子曰。退【使獲退也】二子之言義也【二子。二宣子也】違義禍也。余不能治余縣。又焉用州。其以徼禍也。君子曰。弗知實難【患不知禍所起】

知而弗從。禍莫大焉。有言州必死。豐氏故主韓氏故猶舊也。豐氏至晉。舊以韓氏爲主人伯石之獲州也。韓宣子爲之請之。爲其復取之之故。後若還晉。因自欲取之。爲七年豐氏歸州張本。○爲去聲。自爲介外皆同五月。叔弓如滕。葬滕成公。子服椒爲介。及郊。遇懿伯之忌。敬子不入。忌。怨也。懿伯。椒之叔父。敬子。叔弓也。叔弓禮椒。爲之辟仇。○辟音避惠伯曰。公事有公利。無私忌。椒請先入。乃先受館。敬子從之。惠伯。子服椒也。傳言叔弓之有禮晉韓起如齊逆女為平公逆公孫蠆為少姜之有寵也以其子更公女而嫁公子更嫁公女○蠆敕邁反更平聲人謂宣子子尾欺晉晉胡受之宣子曰我欲得齊而遠其寵寵將來乎寵謂子尾○遠去聲秋七月鄭罕虎如晉賀夫人且告曰楚人日徵敝邑以不朝立王之故楚靈王新立敝邑之往則畏執事其謂寡君而固有外心其不往則宋之盟云云交相見進退罪也寡君使虎布之布陳也宣子使叔向對曰

君若辱有寡君。在楚何害。脩宋盟也。君苟思盟。寡君乃知免於戾矣。君若不有寡君。雖朝夕辱於敝邑。寡君猜焉。猜。疑也 君實有心。何辱命焉。言若有事晉心。至楚可不須告 君其往也。苟有寡君。在楚猶在晉也。張趯使謂大叔曰。自子之歸也。歸在此年春 小人糞除先人之敝廬。曰子其將來。今子皮實來。小人失望。大叔曰。吉賤不獲來。賤。非上卿 畏大國尊夫人也。且孟曰。而將無事。吉庶幾焉。孟張趯也。庶幾如趯言小邾穆公來朝。季武子欲卑之不欲以諸侯禮待之穆叔曰。不可。曹滕二邾實不忘我好。敬以逆之。猶懼其貳。又卑一睦焉一睦。謂小邾逆羣好也。其如舊而加敬焉。志曰。能敬無災。又曰。敬逆來者。天所福也。季孫從之。

八月。大雩。旱也。齊侯田於莒。莒。齊東竟。○好去聲盧蒲嫳見。泣且請曰。余髮如此種種。余奚能為。嫳慶封之黨。襄二十八年放之於竟。種種。短也。自言衰老。不能復為害。○嫳普結反。見賢遍反

(種)章勇反公曰諾吾告二子二子子雅子尾歸而告之子尾欲復之子雅不可曰彼其髮短而心甚長其或寢處我矣言不可信九月子雅放盧蒲嫳于北燕恐其復作亂燕簡公多嬖寵欲去諸大夫而立其寵人冬燕大夫比以殺公之外嬖比相親比○(去)上聲(比)毗志反公懼奔齊書曰北燕伯款出奔齊罪之也款罪輕於衞衎重於蔡朱故舉中示例○(衎)苦旦反十月鄭伯如楚子產相楚子享之賦吉日吉日詩小雅宣王田獵之

詩。楚王欲與鄭伯共田。故賦之既享子產乃具田備王以田江南之夢楚之雲夢。跨江南北。○夢如字。又莫公反齊公孫竈卒竈。子雅司馬竈見晏子司馬竈。齊大夫曰又喪子雅矣晏子曰惜也子旗不免殆哉以其不臣。○喪息浪反姜族弱矣而媯將始昌媯。陳氏。○媯九危反二惠競爽猶可……齊惠公之……爽。明也又弱一个焉姜其危哉

春秋經傳集解昭公一第二十

舉人臣孫衡敬書

春秋卷二十考證

昭公音義在位二十五年孫于齊在外八年凡二十二年。案二十五加八乃三十三也依經典釋文改正

元年楚子麇卒楚公子比出奔晉。公子上　殿本閣本無楚字

傳疆場之邑一彼一此。場諸本並作埸案从易音常从易音亦據音義中明言音亦則从昜者譌

鄭徐吾犯之妹美註犯鄭大夫。閣本作鄭夫人誤

春秋經傳集解昭公二第二十一　盡七年

經……月大雨雹當雪而雹故以爲災而書之○雨于付反○雹蒲學反……蔡侯陳侯鄭伯許男徐子滕子頓子胡子沈子小邾子宋世子佐淮夷會于申楚靈王始合諸侯○沈音審楚人執徐子稱人以執不道於其民秋七月楚子蔡侯陳侯許男頓子胡子沈子淮夷伐吳因申會以伐吳不言諸侯者鄭徐滕小邾宋不在故也胡

國汝陰縣西北有胡城執齊慶封殺之楚子欲行霸爲齊討慶封故稱齊遂滅賴九月取鄫鄫莒邑傳例曰克邑不用師徒曰取○鄫才陵反冬十有二月乙卯叔孫豹卒

傳四年春王正月許男如楚楚子止之欲與俱田遂止鄭伯復田江南許男與焉前年楚子已與鄭伯田江南故言復○復扶又反與羊茹反使椒舉如晉求諸侯二君待之二君鄭許椒舉致命曰寡君使舉曰日君有惠賜盟于宋宋盟在襄二十七年曰晉楚之從交相見

也以歲之不易不易言有難○易以豉反寡人願結驩於二三君欲得諸侯謀事補闕使舉請閒君若苟無四方之虞虞度也○閒音閒一居閑反則願假寵以請於諸侯欲借君之威寵以致諸侯晉侯欲勿許司馬侯曰不可楚王方侈天或者欲逞其心以厚其毒而降之罰未可知也其使能終亦未可知也晉楚唯天所相相助也不可與爭君其許之而脩德以待其歸若歸於德吾猶將事之況諸侯乎若

適淫虐楚將弃之弃不以爲君吾又誰與爭。曰晉有三不殆。其何敵之有殆危也國險而多馬齊楚多難多簒弑之難有是三者何鄉而不濟。對曰恃險與馬而虞鄰國之難是三殆也。四嶽東嶽岱。西嶽華。南嶽衡。北嶽。恒。鄉許亮反三塗在河南陸渾縣南。渾戶昏反陽城在陽城縣東北大室在河南陽城縣西南。大音泰荊山在新城沶鄉縣南。沶音市。漢書音稺中南在始平武功縣南九州之險也是不一姓雖是天下至險。無德則滅亡冀之北土燕代。燕烏賢反馬之所生無興國焉恃險與馬不可以爲固也從古以然是以先王務脩德音以亨神人亨通也不聞其務險與馬也鄰國之難不可虞也或多難以固其國啓其疆土或無難以喪其國失其守宇於國則四垂爲宇若何虞難齊有仲孫之難而獲桓公至今賴之仲孫公孫無知事在莊九年晉有里丕之難而獲文公是以爲盟主里克丕鄭事在僖九年○丕普悲反衛邢無難敵亦喪之閔二年狄滅衛僖二

十五年衛滅邢故人之難不可虞也恃此三者而不脩政德亡於不暇又何能濟君其許之紂作淫虐文王惠和殷是以隕周是以興夫豈爭諸侯乃許楚使使叔向對曰寡君有社稷之事是以不獲春秋時見言不得自往謙辭○見賢遍反諸侯君實有之何辱命焉椒舉遂請昏蓋楚子遣舉時兼使求昏晉侯許之楚子問於子產曰晉其許我諸侯乎對曰許君晉君少安不在諸侯安於小不能

遠圖其大夫多求貪也莫匡其君。在宋之盟。又曰如一晉楚同也若不許君。將焉用之焉用宋盟王曰。諸侯其來乎。對曰。必來。從宋之盟。承君之歡。不畏大國。大國晉也。何故不來。不來者。其魯衛曹邾乎。曹畏宋。邾畏魯。魯衛偪於齊而親於晉。唯是不來。其餘君之所及也。誰敢不至言楚威力所能及王曰。然則吾所求者。無不可乎。對曰。求逞於人不可逞。快也。求人以快意。人必違之與人同欲盡濟爲下

會申

傳大雨雹。季武子問於申豐曰：雹可禦乎。禦，止也。申豐，魯大夫。對曰：聖人在上無雹，雖有不爲災。古者日在北陸而藏冰，陸，道也。謂夏十二月，日在虛危，冰堅而藏之。西陸朝覿而出之，謂夏三月，日在昴畢，蟄蟲出而用冰，春分之中，奎星朝見東方。其藏冰也，深山窮谷，固陰沍寒，於是乎取之，沍，閉也。必取積陰之冰，所以道達其氣，使不爲災。其出之也，朝之祿位，賓食喪祭，於是乎用之。言不獨共公。共音恭。其藏之也，黑牡秬黍，以享司寒。黑牡，黑牲也。秬，黑黍。

也。司寒。玄冥。北方之神。故物皆用黑。有事於冰。故祭其神。○牡茂后反其出之也。桃弧棘矢。以除其災。桃弓棘箭。所以禳除凶邪。將御至尊故其出入也時。食肉之祿。冰皆與焉。食肉之祿。謂在朝廷治其職事。就官食者。○與音預大夫命婦喪浴用冰。命婦。大夫妻祭寒而藏之享司寒獻羔而啓之謂二月春分。獻羔祭韭。始開冰室公始用之公先用。優尊火出而畢賦火星昏見東方。謂三月四月中自命夫命婦至於老疾無不受冰老。致仕在家者山人取之。縣人傳之。山人。虞官。縣人。遂屬。○傳平聲輿人納之隷人藏之（輿隷。皆賤官）夫冰以風壯（冰因風寒而堅）而以風出（順春風而散用）其藏之也周（周。密也）其用之也徧（及老疾）則冬無愆陽（愆。過也。謂冬溫）夏無伏陰（伏陰。謂夏寒）春無淒風（淒。寒也）秋無苦雨（霖雨為人所患苦）雷出不震（震。霆也）無菑霜雹。癘疾不降（癘。惡氣也）民不夭札（短折為夭。夭死為札○札側八反。一音截）今藏川池之冰。弃而不用（既不藏深山窮谷之冰。又火出不畢賦。有餘則弃之）風不越而殺。雷不發而震（越。散也。言陰陽失序。雷風為害）雹之為菑。

誰能禦之。七月之卒章。藏冰之道也。七月。詩豳風。卒章曰。二之日鑿冰沖沖。謂十二月鑿而取之。三之日納于凌陰。凌陰。冰室也。四之日其蚤。獻羔祭韭。謂二月春分。蚤開冰室。以薦宗廟。○凌陵證反夏諸侯如楚。魯衛曹邾不會。曹邾辭以難。公辭以時祭。衛侯辭以疾。如子產言。○難乃旦反鄭伯先待于申。自楚先至會地六月丙午。楚子合諸侯于申。椒舉言於楚子曰。臣聞諸侯無歸。禮以爲歸。今君始得諸侯。其愼禮矣。霸之濟否。在此會也。夏啓有鈞臺之享啓。禹子。河南陽翟縣南有鈞臺陂。蓋啓享諸侯於此商湯有景亳之命河南鞏縣西南有湯亭。或言亳即偃師周武有孟津之誓將伐紂也成有岐陽之蒐成王歸自奄。大蒐於岐山之陽。岐山在扶風美陽縣西北康有酆宮之朝酆在始平鄠縣東。有靈臺。康王於是朝諸侯穆有塗山之會穆王會諸侯於塗山。塗山在壽春東北齊桓有召陵之師在僖四年晉文有踐土之盟在僖二十八年君其何用。宋向戌。鄭公孫僑。在。諸侯之良也。君其選焉選。擇所用。○向舒亮反戌音恤王曰。吾用齊桓用會召陵之禮王使問禮於左師與子產。左師曰：小國習之，大國用之，敢不薦聞。言所聞謙示所未行獻公合諸侯之禮六。其禮六儀也。宋爵公。故獻公禮子產曰：小國共職，敢不薦守。獻伯子男會公之禮六。鄭伯爵。故獻伯子男會公之禮。其禮同。所從言之異。○共音恭。守手又反君子謂合左師善守先代，子產善相小國。王使椒舉侍於後以規過。規正子之過卒事不規。王問其故。對曰：禮吾未見者有六焉，又何以規。左師子產所獻六禮。楚皆未嘗行宋大子佐後至。王田於武城。久而弗見。椒舉請辭焉。請王辭謝之王使往曰。屬有宗祧之事於武城。言爲宗廟田獵。○屬章玉反。適也。祧他彫反寡君將墮幣焉。敢謝後見。恨其後至故。言將因諸侯會。布幣乃相見。經幷書宋大子佐。知此言在會前。○墮許規反見如字。又賢遍反徐子吳出也。以爲貳焉。故執諸申。言楚子以疑罪執諸侯楚子示諸侯侈。自奢侈椒舉曰。夫六王二公之事。六王。啓湯武成康穆也。二公。齊桓晉文皆所以示諸侯禮也。諸侯所由用命也。夏桀爲仍之會有緡叛之仍緡皆國名商紂爲黎之蒐東夷叛之黎東夷國名周幽爲大室之盟戎狄叛之大室中嶽皆所以示諸侯汰也諸侯所由弃命也今君以汰無乃不濟乎王弗聽子產見左師曰吾不患楚矣汰而愎諫愎很也○汰音泰愎皮逼反很胡懇反不過十年左師曰然不十年侈其惡不遠遠惡而後弃惡及遠方則人弃之善亦如之德遠而後興爲十三年楚弒其君傳秋七月楚子以諸侯伐

吳宋大子鄭伯先歸經所以更敘諸侯也時晉之屬國皆歸獨言二國者鄭伯久於楚宋大子不得時見故慰遣之○見賢遍反又如字宋華費遂鄭大夫從從伐吳以荅見慰○費扶味反從才用反○使屈申圍朱方朱方吳邑齊慶封所封也屈申屈蕩之子○屈居勿反八月甲申克之執齊慶封而盡滅其族慶封以襄二十八年奔吳八月無甲申日誤將戮慶封椒舉曰臣聞無瑕者可以戮人慶封唯逆命是以在此逆命謂性不恭順其肯從於戮乎言不肯默而從戮播於諸侯焉用之播揚也○播波

佐反。又波可反王弗聽。負之斧鉞。以徇於諸侯。使言曰。無或如齊慶封弑其君。弱其孤。以盟其大夫。齊崔杼弑君。慶封其黨也。故以弑君罪責之慶封曰。無或如楚共王之庶子圍弑其君兄之子麇而代之。以盟諸侯。王使速殺之。遂以諸侯滅賴。賴子面縛銜璧。士袒。輿櫬從之。造於中軍。中軍。王所將。○麇九倫反。袒音但王問諸椒舉。對曰。成王克許。在僖六年許僖公如是。王親釋其縛。受其璧。焚其櫬。王從之從舉言遷賴於鄢鄢楚邑○鄢於晚反又於建反楚子欲遷許於賴使鬬韋龜與公子弃疾城之而還爲許城也韋龜子文之玄孫申無宇曰楚禍之首將在此矣召諸侯而來伐國而克城竟莫校謂築城於外竟諸侯無與爭○竟音境王心不違民其居乎言將有事不得安也民之不處其誰堪之不堪王命乃禍亂也九月取鄫言易也莒亂著丘公立而不撫鄫鄫叛而來故曰取凡克邑不用師徒曰取著丘公去疾也

不書奔者。潰散而來。將帥微也。重發例者。以通叛而自來。○易以豉反。著直居反。又直據反

鄭子產作丘賦。丘。十六井。當出馬一匹。牛三頭。今子產別賦其田。如魯之田賦。田賦在哀十一年國人謗之。謗。毀也曰。其父死於路。謂子國爲尉氏所殺已爲蠆尾。謂子產重賦。毒害百姓。○蠆敕邁反以令於國。國將若之何。子寬以告。子寬。鄭大夫子產曰。何害。苟利社稷。死生以之。以。用也且吾聞爲善者不改其度。故能有濟也。民不可逞。度不可改。度。法也詩曰。禮義不愆。何恤於人言。逸詩。子產

自以爲權制濟國。於禮義無愆吾不遷矣遷。移也渾罕曰。國氏其先亡乎○渾罕。子寬○渾平聲君子作法於涼。其敝猶貪涼。薄也作法於貪。敝將若之何言不可久行姬在列者在列國也蔡及曹滕。其先亡乎。偪而無禮蔡偪楚。曹滕偪宋鄭先衛亡。偪而無法偪晉楚政不率法而制於心。民各有心。何上之有子產權時救急。渾罕譏之正道。

冬。吳伐楚。入棘櫟麻棘。櫟。麻。皆楚東鄙邑。譙國酇縣東北有棘亭。汝陰新蔡縣東北有櫟亭。○櫟力狄反。徐又失灼反酇才河反以報朱方

昭四年

之役朱方役在此年秋楚沈尹射奔命於夏汭夏汭。漢水曲入江。今夏口也。吳兵在東北。楚盛兵在東南。以絕其後。○射食夜反。又食亦反箴尹宜咎城鍾離宜咎本陳大夫。襄二十四年奔楚。○箴之林反薳啓彊城巢然丹城州來然丹。鄭穆公孫。襄十九年奔楚。○薳于委反東國水不可以城彭生罷賴之師彭生。楚大夫。罷。闘韋龜城賴之師。○罷皮買反初穆子去叔孫氏及庚宗成十六年辟僑如之難奔齊。庚宗。魯地。○難乃旦反遇婦人使私爲食而宿焉問其行告之故哭而送之婦人聞而哭之適齊娶於國氏（國氏，齊正卿，姜姓）生孟丙、仲壬。夢天壓己，弗勝（穆子夢也。○壓，於甲反。勝，音升，下同），顧而見人，黑而上僂（上僂，肩傴。○僂，力主反。傴，紆甫反），深目而豭喙（口象豬。○豭，音加。喙，許穢反），號之曰：牛，助余。乃勝之。旦而皆召其徒，無之（徒，從者。○號，胡到反。一戶刀反）。且曰：志之（志，識也。○識，申志反）。及宣伯奔齊，饋之（宣伯，僑如，穆子之兄，成十六年奔齊。穆子饋宣伯）。宣伯曰：魯以先子之故（先子，宣伯先人），將存吾宗，必召女。召女何如？對曰：願之久矣（言兄始爲亂，已則有今日之願，蓋念言。○）

女音汝魯人召之。不告而歸。既立。杜齊生孟丙仲壬。魯召之。立爲卿。襄二年始見經所宿庚宗之婦人。獻以雉。獻穆子問其姓。問有子否。○女生曰姓。姓謂子也對曰。余子長矣。能奉雉而從我矣。襄二年。豎牛五六歲○奉芳勇反召而見之。則所夢也。未問其名。號之曰牛。曰唯。皆召其徒使視之。遂使爲豎。豎。小臣也。傳言從夢未必吉有寵。長使爲政。爲家政公孫明知叔孫於齊。公孫明。齊大夫子明也。與叔孫相親知歸。未逆國姜。子明取之。國姜。孟仲母○取七

住反故怒其子長而後使逆之子。孟丙仲壬田於丘
蕕丘蕕。地名○蕕音由遂遇疾焉豎牛欲亂其室而有
之强與孟盟不可欲使從已。孟不肯○强其丈反叔孫爲孟
鐘曰爾未際際。接也。孟未與諸大夫相接見○爲于僞反。又如字饗大
夫以落之以豭豬血釁鐘曰落既具具饗禮使豎牛請日
請饗日入弗謁謁。白也出命之日詐命日及賓至聞
鐘聲。牛曰孟有北婦人之客北婦人。國姜也。客。謂公孫明
怒將往牛止之賓出使拘而殺諸外殺孟丙牛

又強與仲盟。不可。仲與公御萊書觀於公萊書公御士名。仲與之私遊觀於公宮。○強上聲觀古亂反又如字公與之環賜玉環使牛入示之示叔孫入不示。出命佩之。牛謂叔孫。見仲而何而何。如何。○見賢遍反。下同叔孫曰。何爲恠牛言曰。不見。既自見矣。言仲已自往見公公與之環。而佩之矣。遂逐之。奔齊。疾急。命召仲。牛許而不召。杜洩見。告之飢渴。授之戈杜洩。叔孫氏宰也。牛不食叔孫。叔孫怒。欲使杜洩殺之。○洩息列反。食音嗣對曰。求之而至。又何去焉。言求食可得，無爲去。豎牛蓋杜洩力不能去，設辭以免。○去，起呂反，下同。豎牛曰。夫子疾病，不欲見人。使寘饋于个而退。寘，置也。个，東西廂。○廂，息羊反。牛弗進，則置虛，命徹。寫器令空。示若叔孫已食，命去之。十二月癸丑，叔孫不食。乙卯，卒。三日絕糧。牛立昭子而相之。昭子，豹之庶子叔孫婼也。○相，息亮反。婼，敕畧反。公使杜洩葬叔孫。豎牛賂叔仲昭子與南遺，昭子，叔仲帶也。南遺，季氏家臣。使惡杜洩於季孫而去之。憎洩不與己同志。杜洩將以路葬，且盡卿禮。路，王所賜

昭四年

叔孫車南遺謂季孫曰。叔孫未乘路。葬焉用之。且冢卿無路。介卿以葬。不亦左乎。冢卿謂季孫。介。次也。左。不便季孫曰。然。使杜洩舍路。舍。置也。○舍式夜反。或音捨不可。曰。夫子受命於朝。而聘于王。在襄二十四年。夫子謂叔孫王思舊勳而賜之路。感其有禮。以念其先人復命而致之君。豹不敢自乘君不敢逆王命。而復賜之。使三官書之。吾子爲司徒。實書名。謂季孫也。書名。定位號。○復扶又反夫子爲司馬。與工正書服。謂叔孫也。服。車服之器。工正所書孟孫爲司空以書勳也勳。功也今死而弗以。是弃君命也。書在公府而弗以。是廢三官也。若命服生弗敢服死又不以將焉用之。乃使以葬季孫。謀去中軍。豎牛曰夫子固欲去之誣叔孫以媚季孫

經。五年。春。王正月。舍中軍襄十一年始立中軍。舍音捨傳同楚殺其大夫屈申書名。罪之公如晉夏莒牟夷以牟婁及防茲來奔城陽平昌縣西南有防亭。姑幕縣東北有茲亭秋。

七月。公至自晉。戊辰。叔弓帥師敗莒師于蚡泉。蚡泉。魯地。○蚡扶粉反秦伯卒。無傳。不書名。未同盟冬。楚子。蔡侯。陳侯。許男。頓子。沈子。徐人。越人。伐吳

傳。五年。春。王正月。舍中軍。卑公室也。罷中軍。季孫稱左師。孟氏稱右師。叔孫氏則自以叔孫爲軍名毀中軍于施氏。成諸臧氏。季孫不欲親其議。勑二家會諸大夫。發毀置之計。又取其令名初作中軍。三分公室而各有其一。三家各有一軍家屬季氏盡征之。無所入於公叔孫氏臣其子弟。以父兄歸公孟氏

取其半焉（復以子弟之半歸公）及其舍之也四分公室
季氏擇二（簡擇取二分○二分扶運反。或如字）二子各一皆盡
征之而貢于公（國人盡屬三家。三家隨時獻公而已）以書使杜
洩告於殯（告叔孫之柩）曰子固欲毁中軍既毁之
矣故告杜洩曰夫子唯不欲毁也故盟諸僖
閎詛諸五父之衢（皆在襄十一年）受其書而投之（投擲
也）帥士而哭之（痛叔孫之見誣）叔仲子謂季孫曰帶
受命於子叔孫曰葬鮮者自西門（不以壽終爲鮮。西門

非魯朝正門。○鮮音仙。又思淺反季孫命杜洩命使從西門杜洩曰。卿喪自朝。魯禮也從生存朝覲之正路吾子為國政。未改禮而又遷之遷易也羣臣懼死。不敢自也自從也既葬而行善杜洩能辟禍仲至自齊聞喪而來季孫欲立之。南遺曰。叔孫氏厚則季氏薄。彼實家亂。子勿與知。不亦可乎。南遺使國人助豎牛。以攻諸大庫之庭。攻仲壬也。魯城內有大庭氏之虛。於其上作庫。○與音預。虛起居反司宮射之中目而死。豎牛取東鄙三十邑以與南遺。取叔孫氏邑○射食亦反昭子即位。朝其家衆曰。豎牛禍叔孫氏。使亂大從。使從於亂○大從如字殺適立庶。又披其邑。將以赦罪。披析也。謂以邑與南遺。昭子不知豎牛餓殺其父。故但言其見罪。○披普彼反見賢遍反罪莫大焉。必速殺之。豎牛懼。奔齊。孟仲之子殺諸塞關之外。齊魯界上關○塞悉代反投其首於寧風之棘上。寧風齊地仲尼曰。叔孫昭子之不勞。不可能也。不以立己爲功勞。據其所言善之。時魯人不以餓死語昭子周任有言曰。爲政者不賞私勞不罰私怨詩云有覺德行四國順之詩大雅覺直也言德行直則四方順從之○任音壬初穆子之生也莊叔以周易筮之莊叔穆子父得臣也遇明夷䷣之謙䷎離下坤上明夷艮下坤上謙明夷初九變爲謙以示卜楚丘楚卜人姓名曰是將行行出奔而歸爲子祀奉祭祀以讒人入其名曰牛卒以餒死明夷日也離爲日夷傷也日明傷日之數十甲至癸故有十時亦當十位自王已下其二爲公其三爲卿日中當王食時當公

平旦爲卿。雞鳴爲士。夜半爲皁。人定爲輿。黄昏爲隸。日入爲僚。晡時爲僕。日昳爲臺。隅中日出。闕不在第。尊王公。曠其位。○皁才早反昳田結反

日上其中日中盛明。食日爲二故以當王旦日爲三公位明夷之謙明卿位而未融。其當旦乎融朗也。離在坤下。日在地中之象。又變爲謙。謙道卑退。故曰明而未融。日明未融。故曰其當旦乎故曰爲子祀莊叔。卿也。卜豹爲卿。故知爲子祀日之謙當鳥。故曰明夷于飛離爲日。爲鳥。離變爲謙。日光不足。故當鳥。鳥飛行。故曰于飛明而未融。故曰垂其翼於日爲未融。於鳥爲垂翼。象日之動。故曰君子于行

明夷初九。得位有應。君子象也。在明傷之世。居謙下之位。故將辟難而行當三在旦故曰三日不食旦位在三。又非食時。故曰三日不食離火也。艮山也。離爲火。火焚山。山敗離艮合體故於人爲言艮爲言敗言爲讒爲離所焚。故言敗。敗必邁反。又如字故曰有攸往。主人有言。言必讒也離變爲艮。故言有所往。往而見燒。故主人有言。言而見敗。故必讒言純離爲牛易。離上離下。離畜牝牛吉。故言純離爲牛世亂讒勝。勝將適離。故曰其名曰牛離焚山則離勝。譬世亂則讒勝。山焚則離獨存。故知名牛也。豎牛非牝牛。故不吉謙不足飛不翔謙道沖退。故飛不遠翔。垂不峻翼不廣峻。高也。翼垂下。故不能廣遠。故曰其爲子後乎不遠翔。故知不遠去。吾子亞卿也抑少不終旦日。正卿之位。莊叔父子世爲亞卿。位不足以終盡卦體。蓋引而致之。楚子以屈申爲貳於吳乃殺之造貳心。以屈生爲莫敖生。屈建子。使與令尹子蕩如晉逆女過鄭鄭伯勞子蕩于汜勞屈生于菟氏汜。菟氏。皆鄭地。○過古禾反。勞力報反。後皆同。汜徐扶嚴反。菟大胡反。晉侯送女于邢丘子產相鄭伯會晉侯于邢丘傳言楚強。

諸侯畏敬其使公如晉即位而往見自郊勞至于贈賄往有郊勞。去有贈賄無失禮揖讓之禮晉侯謂女叔齊曰魯侯不亦善於禮乎。對曰魯侯焉知禮。公曰何爲。自郊勞至于贈賄。禮無違者。何故不知。對曰。是儀也。不可謂禮。禮所以守其國。行其政令。無失其民者也。今政令在家在大夫不能取也。有子家羈。弗能用也。羈。莊公玄孫懿伯也奸大國之盟。陵虐小國謂伐莒取鄆利人之難謂往年莒亂而取鄫。(難)乃旦反。下竝同不知其私不自知有私難公室四分。民食於他他。謂三家也。言魯君與民無異思莫在公。不圖其終。無爲公謀終始者。○思息吏反。一如字爲國君。難將及身。不恤其所。禮之本末。將於此乎在在恤民與憂國而屑屑焉習儀以亟言以習儀爲急言善於禮。不亦遠乎。君子謂叔侯於是乎知禮時晉侯亦失政。叔齊以此諷諫。○諷芳鳳反晉韓宣子如楚送女。叔向爲介。鄭子皮子大叔勞諸索氏河南城皐縣東有大索城。○索悉洛反大叔謂叔向曰。

楚王汏侈已甚。子其戒之。叔向曰。汏侈已甚。身之災也。焉能及人。若奉吾幣帛。愼吾威儀。守之以信。行之以禮。敬始而思終。終無不復事皆可復行從而不失儀從。順也敬而不失威。道之以訓辭。奉之以舊法。考之以先王。以先王之禮成其好度之以二國。度晉楚之勢而行之。○度待洛反雖汏侈。若我何。及楚。楚子朝其大夫曰。晉吾仇敵也。苟得志焉。無恤其他。今其來者。上卿上大夫也。若吾以韓起爲閽刖足使守門以羊舌肸爲司宮加宮刑。○肸許乙反足以辱晉。吾亦得志矣。可乎。大夫莫對。薳啓彊曰。可。苟有其備。何故不可。恥匹夫不可以無備。況恥國乎。是以聖王務行禮。不求恥人。朝聘有珪。珪以爲信享頫有璋。享。饗也。頫。見也。既朝聘而享見也。臣爲君使執璋。○頫他弔反。又他彫反。見賢遍反。爲于僞反小有述職。諸侯適天子曰述職大有巡功。天子巡守曰巡功設机而不倚。爵盈而不飲。言務行禮宴有好貨。宴飲以貨爲好。衣服車馬。

在客所無○好去聲飧有陪鼎熟食爲飧陪加也加鼎所以厚殷勤○飧音孫入有郊勞賓至逆勞之於郊出有贈賄去則贈之以貨賄禮之至也國家之敗失之道也則禍亂興失朝聘宴好之道城濮之役在僖二十八年晉無楚備以敗於邲在宣十二年言兵禍始於城濮○邲皮必反邲之役楚無晉備以敗於鄢○在成十六年○鄢於晚反自鄢以來晉不失備而加之以禮重之以睦君臣和也是以楚弗能報而求親焉既獲姻親又欲恥之以召寇讎備之

若何[言何以為備]誰其重此[言怨重]若有其人。恥之可也[謂有賢人以敵晉。則可恥之]若其未有。君亦圖之。晉之事君。臣曰可矣。求諸侯而麇至[麇。羣也。○麇丘隕反。又其郎反]求昏而薦女[薦。進也]君親送之。上卿及上大夫致之。猶欲恥之。君其亦有備矣。不然奈何。韓起之下。趙成中行吳魏舒范鞅知盈[五卿位在韓起之下。皆三軍之將佐也。成。趙武之子。吳。荀偃之子。○行戶郎反鞅於丈反]羊舌肸之下。祁午張趯籍談女齊梁丙張骼輔躒苗賁皇皆諸侯之選也言非凡人。趯他歷反。骼古百反。或音各。躒力狄反。又力各反。賁音粉。選去聲。韓襄爲公族大夫韓須受命而使矣襄。韓無忌子也。爲公族大夫。須。起之門子。年雖幼。已任出使。任音王。箕襄邢帶二人。韓氏族。叔禽叔椒子羽皆韓起庶子。皆大家也韓賦七邑皆成縣也成縣。賦百乘也。羊舌四族皆彊家也四族。銅鞮伯華。叔向。叔魚。叔虎。兄弟四人。鞮丁兮反。晉人若喪韓起楊肸五卿八大夫五卿。趙成以下。八大夫。祁午以下。喪息浪反。叔向本羊舌氏。食菜扵楊。輔韓須楊石石。叔向子食我也○食音嗣因其十家九縣韓氏七羊舌氏四而言十家舉大數也羊舌四家共二縣故但言彊家長轂九百長轂戎車也縣百乘○轂古木反其餘四十縣遺守四千計遺守國者尚有四千乘奮其武怒以報其大恥伯華謀之伯華叔向兄中行伯魏舒帥之伯中行吳其蔑不濟矣君將以親易怨失婚姻之親實無禮以速寇而未有其備使羣臣往遺之禽以逞君心何不可之有王曰不穀之過也大夫無辱謝薳啓彊○遺唯季反厚爲韓子

禮。王欲敖叔向以其所不知。而不能言叔向之多知○敖五報反亦厚其禮。韓起反。鄭伯勞諸圉圉。鄭地名辭不敢見。禮也。奉使君命未反故○見賢遍反鄭罕虎如齊。娶於子尾氏自爲逆也晏子驟見之。陳桓子問其故。對曰。能用善人。民之主也。謂授子產政夏莒牟夷以牟婁及防茲來奔。牟夷非卿而書。尊地也尊重也、重地故書。以名。其人終爲不義莒人愬于晉愬魯受牟夷晉侯欲止公。范獻子曰。不可。人朝而執之。誘也討不以師而誘以成之惰也爲盟主而犯此二者無乃不可乎請歸之閒而以師討焉閒。暇也○誘音酉閒音閑又如字乃歸公秋七月公至自晉。莒人來討討受牟夷不設備戊辰叔弓敗諸蚡泉。莒未陳也嫌君臣異故重發例冬十月楚子以諸侯及東夷伐吳以報棘櫟麻之役役在四年薳射以繁揚之師會於夏汭會楚子○射食夜反又食亦反越大夫常壽過師師會楚子于瑣瑣楚地○過古禾反聞吳師出遠啓彊帥師從之從吳師也遽不設備。吳人敗諸鵲岸廬江舒縣有鵲尾渚楚子以馹至於羅汭馹。傳也。羅。水名。○馹人實反吳子使其弟蹶由犒師犒勞。○蹶居衞反楚人執之。將以釁鼓。王使問焉。曰。女卜來吉乎。對曰。吉。寡君聞君將治兵於敝邑。卜之以守龜。曰。余亟使人犒師。請行以觀王怒之疾徐。而爲之備。尚克知之言吳今龜如此。○女音汝。守手又反。下同龜兆告吉。曰。克可知也。君若驩焉。好逆使臣。滋敝邑休怠（休解也○好呼報反解佳賣反）而忘其死亡無日矣今君奮焉震電馮怒（馮盛也○馮皮冰反）虐執使臣將以釁鼓則吳知所備矣敝邑雖羸若早脩完（完器備○羸力危反）其可以息師（息楚之師）難易有備可謂吉矣且吳社稷是卜豈爲一人使臣獲釁軍鼓而敝邑知備以禦不虞其爲吉孰大焉國之守龜其何事不卜（言常卜○豈爲于僞反）一臧一否其誰能常之城濮之兆其報在邲（城濮戰楚卜吉）

其效乃在郯。○否悲矣反今此行也。其庸有報志言吳有報楚意乃弗殺。楚師濟於羅汭。沈尹赤會楚子次於萊山。薳射帥繁揚之師先入南懷。楚師從之。及汝清南懷。汝清。皆楚界吳不可入有備楚子遂觀兵於坻箕之山觀。示也。○坻直夷反是行也。吳早設備。楚無功而還。以蹶由歸。楚子懼吳。使沈尹射待命于巢。薳啟彊待命于雩婁。禮也善有備。○雩音于。婁力侯反。又力俱反秦后子復歸於秦元年奔晉景公卒故

也終五稔之言

經六年春王正月杞伯益姑卒再同盟葬秦景公夏季孫宿如晉葬杞文公無傳宋華合比出奔衛合比事君不以道自取奔亡書名罪之○華戶化反比如字秋九月大雩楚薳罷帥師伐吳○罷音皮冬叔弓如楚齊侯伐北燕

傳六年春王正月杞文公卒弔如同盟禮也魯怨杞因晉取其田而今不廢喪紀故禮之大夫如秦葬景公禮

也合先王士弔大夫送葬之禮三月。鄭人鑄刑書鑄刑書於鼎。以爲國之常法叔向使詒子產書詒。遺也。遺唯季反曰。始吾有虞於子虞。度也。言準度子產。以爲己法。度音鐸。下同今則已矣已。止也昔先王議事以制。不爲刑辟。懼民之有爭心也臨事制刑。不豫設法也。法豫設則民知爭端。辟婢亦反。下同猶不可禁禦。是故閑之以義閑。防也糾之以政糾。舉也行之以禮。守之以信。奉之以仁奉。養也制爲祿位以勸其從勸從教嚴斷刑罰以威其淫淫。放也。

斷丁亂反。下同懼其末也。故誨之以忠，聳之以行，聳，懼也。行下孟反教之以務，時所急使之以和，說以使民臨之以敬，涖之以彊，施之於事爲涖斷之以剛，義斷恩猶求聖哲之上、明察之官、上，公王也。官，卿大夫也忠信之長、慈惠之師，民於是乎可任使也，而不生禍亂。民知有辟，則不忌於上，權移於法，故民不畏上並有爭心，以徵於書，而徼幸以成之，因危文以生爭，緣徼幸以成其巧僞。徼古堯反弗可爲矣。爲，治也夏有亂政而作禹刑。商有亂政而作湯刑夏商之亂，著禹湯之法。言不能議事以制周有亂政而作九刑周之衰。亦爲刑書。謂之九刑。三辟之興。皆叔世也言刑書不起於始盛之世今吾子相鄭國作封洫。在襄三十年○洫況域反立謗政作丘賦在四年制參辟。鑄刑書制參辟。謂用三代之末法將以靖民。不亦難乎。詩曰。儀式刑文王之德。日靖四方詩頌。言文王以德爲儀式。故能日有安靖四方之功。刑。法也又曰。儀刑文王。萬邦作孚詩大雅。言文王作儀法。爲天下所信。孚。信也如是何辟之有言詩唯以德與

信。不以刑也民知爭端矣。將弃禮而徵於書以刑書爲
徵錐刀之末將盡爭之錐刀末。喻小事亂獄滋豐賄
賂竝行。終子之世。鄭其敗乎。肸聞之。國將亡。
必多制數改法其此之謂乎。復書曰。若吾子之
言復。報也僑不才。不能及子孫。吾以救世也。既
不承命。敢忘大惠以見箴戒爲惠士文伯曰。火見。鄭
其火乎火。心星。周五月昏見。○見音現火未出而作火以鑄
刑器刑器。鼎也藏爭辟焉。火如象之。不火何爲象類

也。同氣相求。火未出而用火。相感而致炎夏。季孫宿如晉。拜莒田也。謝前年受牟夷邑不見討晉侯享之。有加籩。籩豆之數多於常禮武子退。使行人告曰。小國之事大國也。苟免於討。不敢求貺。貺。賜也得貺不過三獻。周禮。大夫三獻今豆有加。下臣弗堪。無乃戾也。懼以不堪爲罪韓宣子曰。寡君以爲驩也。以加禮致驩心對曰。寡君猶未敢。未敢當此加也況下臣。君之隸也。敢聞加貺。固請徹加。而後卒事。晉人以爲知禮。重其好貨。宴好

（之貨○好去聲）宋寺人柳有寵（有寵於平公○柳寺人名）大子佐惡之華合比曰我殺之（欲以求媚大子○惡烏路反）柳聞之乃坎用牲埋書（詐爲盟處）而告公曰合比將納亡人之族（亡人華臣也襄十七年奔衛）既盟于北郭矣公使視之有焉遂逐華合比合比奔衛於是華亥欲代右師（亥合比弟欲得合比處）乃與寺人柳比從爲之徵曰聞之久矣（聞合比欲納華臣○柳比毗志反）公使代之（代合比爲右師）見於左師（左師向戌○見賢遍反又如字）左師

曰。女夫也必亡夫。謂華亥。○女音汝。下同。女喪而宗室於人何有。人亦於女何有言人亦不能愛女。○喪息浪反詩曰。宗子維城。毋俾城壞。毋獨斯畏詩大雅。言宗子之固若城。俾。使也女其畏哉爲二十年華亥出奔傳六月。丙戌。鄭災終士文伯之言楚公子弃疾如晉。報韓子也報前年送女過鄭。鄭罕虎。公孫僑。游吉。從鄭伯以勞諸柤。辭不敢見不敢當國君之勞。柤。鄭地。○過如字。又平聲。從去聲。或如字。勞去聲柤音査。見賢遍反固請見之。見如見王見鄭伯如見楚王。言弃疾共而有禮以其乘馬八匹私面。私見鄭伯乘去聲見子皮如上卿如見楚卿以馬六匹。見子產以馬四匹。見子大叔以馬二匹。降殺以兩。殺所界反禁芻牧採樵。不入田不犯田種不樵樹。不采蓺蓺種也不抽屋。不強匃誓曰。有犯命者。君子廢。小人降。君子則廢黜不得居位。小人則退給下劇也。匃音蓋舍不爲暴。主不慁賓。慁患也。慁戶困反往來如是。鄭三卿皆知其將爲王也。三卿。罕虎。公孫僑。游吉韓宣子之適楚也。楚人弗逆。公子弃疾及晉竟晉侯將亦弗逆叔向曰楚辟我衷辟邪也衷正也○竟音境辟匹亦反衷音忠若何效辟詩曰爾之教矣民胥效矣詩小雅言上教下效從我而已焉用效人之辟書曰聖作則逸書則法也無寧以善人爲則無寧寧也而則人之辟乎匹夫爲善民猶則之況國君乎晉侯說乃逆之傳言叔向知禮秋九月大雩旱也徐儀楚聘于楚儀楚徐大夫楚子執之逃歸懼其叛也使薳洩伐徐薳洩楚大夫吳人

昭六年

救之。令尹子蕩帥師伐吴。師于豫章。而次于乾谿。乾谿在譙國城父縣南。楚東竟。吴人敗其師於房鍾。房鍾。吴地。獲宮廄尹弃疾。鬬韋龜之父。子蕩歸罪於薳洩而殺之。歸罪於薳洩。不以敗告。故不書。冬。叔弓如楚聘。且弔敗也。弔爲吴所敗。十一月。齊侯如晉。請伐北燕也。告盟主。士匄相士鞅。逆諸河。禮也。士匄。晉大夫。相。爲介。得敬逆來者之禮。○匄古害反。晉侯許之。十二月。齊侯遂伐北燕。將納簡公。簡公。北燕伯。三年出奔齊。晏子曰。不入燕有

君矣民不貳吾君賄左右諂諛作大事不以信未嘗可也爲明年暨齊平傳

經七年春王正月暨齊平暨與也燕與齊平前年冬齊伐燕燕閒無異事故不重言燕從可知三月公如楚叔孫婼如齊涖盟無傳公將遠適楚故叔孫如齊尋舊好○婼敕畧反又音繹夏四月甲辰朔日有食之秋八月戊辰衛侯惡卒元年大夫盟于虢九月公至自楚冬十有一月癸未季孫宿卒十有二月癸亥葬衛襄公

傳七年春王正月暨齊平齊求之也齊伐燕燕人賂之反從求平如晏子言癸巳齊侯次于虢虢燕竟燕人行成曰敝邑知罪敢不聽命先君之敝器請以謝罪敝器瑤罋玉櫝之屬公孫晳曰受服而退俟釁而動可也晳齊大夫二月戊午盟于濡上濡水出高陽縣東北至河閒鄚縣入易水○濡音須又女于反燕人歸燕姬嫁女與齊侯賂以瑤罋玉櫝斝耳不克而還瑤玉也櫝匵也斝耳玉爵○斝古雅反一音嫁楚子之爲令尹也爲王旌以田析羽爲旌

昭七年

王旌游至於軫。○游音留芋尹無宇斷之曰。一國兩君。其誰堪之。及即位。為章華之宮。納亡人以實之章華。南郡華容縣芋于付反斷音短○無宇之閽入焉有罪亡入章華宮無宇執之。有司弗與王有司也曰。執人於王宮。其罪大矣。執而謁諸王。執無宇也王將飲酒遇其歡也無宇辭曰。天子經略。經營天下。略有四海。故曰經略諸侯正封。封疆有定分古之制也。封略之內。何非君土。食土之毛。誰非君臣。毛。草也故詩曰。普天之下。莫非王土率土之濱莫非王臣詩小雅。濱涯也天有十日甲至癸人有十等王至臺下所以事上上所以共神也故王臣公公臣大夫大夫臣士士臣皁皁臣輿輿臣隸隸臣僚僚臣僕僕臣臺馬有圉牛有牧養馬曰圉養牛曰牧○共音恭以待百事今有司曰女胡執人於王宮將焉執之周文王之法曰有亡荒閱荒大也。閱蒐也。有亡人當大蒐其衆所以得天下也吾先君文王楚文王作僕區之法僕區刑書名○

僕區烏侯反。僕隱也。區。匿也曰。盜所隱器隱盜所得器與盜同罪。所以封汝也行善法。故能啓疆。北至汝水若從有司是無所執逃臣也。逃而舍之是無陪臺也言皆將逃王事無乃闕乎。昔武王數紂之罪以告諸侯曰。紂爲天下逋逃主萃淵藪萃。集也。天下逋逃。悉以紂爲淵藪。集而歸之故夫致死焉人欲致死討紂。夫音扶。又方于反君王始求諸侯而則紂。無乃不可乎。若以二文之法取之。盜有所在矣言王亦爲盜王曰。取而臣以往也往。去盜有寵。未可得也盜有寵。王自謂。爲葬靈王張本遂赦之赦無宇楚子成章華之臺。願與諸侯落之宮室始成。祭之爲落。臺今在華容城內大宰薳啓彊曰。臣能得魯侯。薳啓彊來召公。辭曰。昔先君成公命我先大夫嬰齊曰。吾不忘先君之好。將使衡父照臨楚國。鎭撫其社稷。以輯寧爾民。嬰齊受命于蜀。蜀盟在成二年。衡父。公衡奉承以來。弗敢失隕。而致諸宗祧。言奉成公此語以告宗廟曰我先君共王引領北望日月以冀。冀魯朝。○共音恭傳序相授於今四王矣。四王。共。康。郟敖。及靈王嘉惠未至。唯襄公之辱臨我喪。襄公二十八年如楚。臨康王喪孤與其二三臣。悼心失圖。在哀喪故社稷之不皇。況能懷思君德。皇。暇也。言有大喪。多不暇今君若步玉趾。辱見寡君。趾。足也寵靈楚國。以信蜀之役。致君之嘉惠。是寡君既受貺矣。何蜀之敢望。言但欲使君來。不敢望如蜀復有質子。○復去聲。質音致。下同其先君鬼神實嘉賴之。豈唯寡君。君若不來使臣請問行期問魯見伐之期寡君將承質幣而見于蜀以請先君之貺請問也○貺音現公將往夢襄公祖祖祭道神梓愼曰君不果行襄公之適楚也夢周公祖而行今襄公實祖君其不行子服惠伯曰行先君未嘗適楚故周公祖以道之襄公適楚矣而祖以道君不行何之三月公如楚鄭伯勞于師之梁鄭城門○勞去聲孟僖子爲介不能相儀僖子仲孫貜○貜俱縛反及楚不能荅郊

勞爲下僖子病不能相禮張本夏四月。甲辰朔。日有食之。晉侯問於士文伯曰。誰將當日食。對曰。魯衛惡之受其凶惡之。如字。或去聲衛大魯小。公曰。何故。對曰。去衛地。如魯地。衛地。豕韋也。魯地。降婁也。日食於豕韋之末。及降婁之始乃息。故禍在衛大。在魯小。周四月。今二月。故日在降婁。降戶江反於是有災。魯實受之。災發於衛。而魯受其餘禍其大咎其衛君乎。魯將上卿。八月衛侯卒。十一月季孫宿卒公曰。詩所謂彼日而食。于何不臧者。何也。感日食而問詩對曰。不善政之謂也。國無政。不用善。則自取讁于日月之災。讁。譴也故政不可不愼也。務三而已。一曰擇人擇賢人二曰因民因民所利而利之三曰從時順四時之所務晉人來治杞田前女叔侯不盡歸。令公適楚。晉人恨。故復來治杞田季孫將以成與之成。孟氏邑。本杞田謝息爲孟孫守。不可謝息。僖子家臣。○爲去聲。下同。守。音狩。守臣同曰。人有言曰。雖有挈缾之知。守不假器。禮也挈缾。汲者。喻小知。爲人守器。猶知不以借人○知音智夫子從君。而守臣喪邑夫子。謂孟僖子

（從公如楚○喪去聲）雖吾子亦有猜焉（言季孫亦將疑我不忠）季孫曰君之在楚於晉罪也（言晉罪君之至楚）又不聽晉魯罪重矣晉師必至吾無以待之不如與之閒晉而取諸杞（候晉閒隙可復伐杞取之○閒如字）吾與子桃（魯國卞縣東南有桃虛）成反誰敢有之是得二成也魯無憂而孟孫益邑子何病焉辭以無山與之萊柞（萊柞二山○萊音來柞子洛反又音昨）乃遷于桃（謝息遷也）晉人爲杞取成（不書非公命）楚子享公于新臺（章華

乾隆四十八年……春秋三十……

臺也使長鬣者相鬣鬚也。欲先夸魯侯。○鬣力輒反相去聲好以大屈宴好之賜。大屈弓名。好呼報反屈居勿反○既而悔之薳啓彊聞之見公公語之拜賀公曰何賀對曰齊與晉越欲此久矣寡君無適與也而傳諸君君其備禦三鄰言齊晉越將伐魯而取之○見賢遍反語魚據反適丁歷反愼守寶矣敢不賀乎公懼乃反之傳言楚靈不信所以不終

鄭子產聘于晉晉侯有疾韓宣子逆客私焉私語曰寡君寢疾於今三月矣並走羣望晉所

望祀山川。皆走往祈禱有加而無瘳。今夢黃熊入於寢門。其何厲鬼也。對曰。以君之明。子爲大政。其何厲之有。昔堯殛鯀于羽山羽山在東海祝其縣西南。○(熊)音雄。獸名。亦作能。如字。一奴來反。三足鼈也。解者云。獸非入水之物。故知爲鼈也。說文云。能。熊屬其神化爲黃熊。以入于羽淵。實爲夏郊。三代祀之鯀。禹父。夏家郊祭之。歷殷周二代。又通在羣神之數。并見祀晉爲盟主。其或者未之祀也乎言周衰。晉爲盟主。得佐天子祀羣神韓子祀夏郊祀鯀晉侯有間間。差也。○(差)初賣反賜子產莒之二方鼎（方鼎，莒所貢）子產爲豐施歸州田於韓宣子（豐施，鄭公孫段之子。三年，晉以州田賜段。○爲，于僞反）曰：日君以夫公孫段爲能任其事，而賜之州田。今無祿早世，不獲久享君德。其子弗敢有，不敢以聞於君，私致諸子。（此年正月公孫段卒。○夫音扶。任音壬。下同）宣子辭。子產曰：古人有言曰：其父析薪，其子弗克負荷。（荷，擔也。以微薄喻貴重。○荷，河可反。擔，丁甘反）施將懼不能任其先人之祿，其況能任大國之賜。縱吾子爲政而可後之人若屬有疆埸之言敝邑獲戾恐後代宣子者將以鄭取晉邑罪鄭。屬音燭而豐氏受其大討吾子取州是免敝邑於戾而建置豐氏也敢以爲請傳言子產貞而不諒宣子受之以告晉侯晉侯以與宣子宣子爲初言病有之初言謂與趙文子爭州田以易原縣於樂大心樂大心宋大夫。原晉邑。以賜樂大心鄭人相驚以伯有曰伯有至矣則皆走不知所往襄三十年鄭殺伯有。言其鬼至鑄刑書之歲二月在前年或夢伯有介而行也介甲曰壬子余將殺帶也駟帶助子晳殺伯有。壬子。六年三月三日明年壬寅余又將殺段也公孫段。豐氏黨。壬寅。此年正月二十八日及壬子駟帶卒國人益懼齊燕平之月此年正月壬寅公孫段卒國人愈懼其明月子產立公孫洩及良止以撫之乃止公孫洩。子孔之子也。襄十九年。鄭殺子孔。良止。伯有子也。立以爲大夫。使有宗廟子大叔問其故子產曰鬼有所歸乃不爲厲吾爲之歸也大叔曰公孫洩何爲子孔不爲厲。問何爲復立洩子産曰說也爲身無義而圖說伯有無義以妖鬼故立之恐惑民并立洩使若自以大義存誅絶之後者以解說民心○說如字下同又始鋭反從政有所反之以取媚也民不可使知之故治政或當反道以求媚於民不媚不信說而後信之不信民不從也及子産適晉趙景子問焉景子晉中軍佐趙成曰伯有猶能爲鬼乎子産曰能人生始化曰魄魄形也既生魄陽曰魂陽神氣也用物精多則魂魄强物權勢是以有精爽至於神明爽明也匹夫匹婦强

死其魂魄猶能馮依於人以爲淫厲强死不病也人謂匹夫匹婦賤身○强其丈反下同況良霄我先君穆公之冑子良之孫子耳之子敝邑之卿從政三世矣鄭雖無腆腆厚也○子良公子去疾生子耳公孫輒輒生伯有良霄三世爲鄭卿抑諺曰蕞爾國蕞小貌○蕞在最反而三世執其政柄其用物也弘矣其取精也多矣其族又大所馮厚矣良霄魂魄所馮者貴重而强死能爲鬼不亦宜乎傳言子產之博敏子皮之族飲酒無度相尙以奢相困

以酒故馬師氏與子皮氏有惡馬師氏。公孫鉏之子罕朔也。襄三十年。馬師頡出奔。公孫鉏代之爲馬師。與子皮俱同一族齊師還自燕之月在此年二月罕朔殺罕魋魋。子皮弟罕朔奔晉。韓宣子問其位於子產問朔可使在何位子產曰。君之羈臣。苟得容以逃死。何位之敢擇。卿違。從大夫之位謂以禮去者。降位一等罪人。以其罪降罪重則降多古之制也。朔於敝邑。亞大夫也。其官馬師也大夫。位。馬師。職獲戾而逃。唯執政所寘之。得免其死。

爲惠大矣。又敢求位。宣子爲子產之敏也。使從嬖大夫爲子產故使降一等。不以罪降。○爲子。于僞反秋。八月。衛襄公卒。晉大夫言於范獻子曰。衛事晉爲睦睦。和也晉不禮焉。庇其賊人。而取其地賊人。孫林父。其地。戚也故諸侯貳。詩曰。䳭鴒在原。兄弟急難詩小雅。䳭鴒。雝渠也。飛則鳴。行則搖。喻兄弟相救於急難。不可自舍。○難。如字。又乃旦反又曰。死喪之威。兄弟孔懷威。畏也。言有死喪。則兄弟宜相懷思兄弟之不睦。於是乎不弔不相弔恤況遠人。誰敢歸之令又不禮於衛之嗣嗣新君也衛必叛我是絕諸侯也獻子以告韓宣子宣子說使獻子如衛弔且反戚田傳言戚田所由還衛。說音悅衛齊惡告喪于周且請命王使成簡公如衛弔簡公王卿士也且追命襄公曰叔父陟恪在我先王之左右以佐事上帝陟登也恪敬也帝天也叔父謂襄公命如今之哀策余敢忘高圉亞圉二圉周之先也爲殷諸侯亦受殷王追命者九月公至自楚孟僖子病不能相禮不能相儀荅郊勞以此爲已病乃講學之。講。習也。苟能禮者從之。及其將死也。二十四年。孟僖子卒。傳終言之。召其大夫。僖子屬大夫。曰。禮。人之幹也。無禮無以立。吾聞將有達者曰孔丘。僖子卒時。孔丘年三十五。聖人之後也。聖人。殷湯。而滅於宋。孔子六代祖孔父嘉。爲宋督所殺。其子奔魯。其祖弗父何。以有宋而授厲公。弗父何。孔父嘉之高祖。宋閔公之子。厲公之兄。何適嗣當立。以讓厲公。及正考父。弗父何之曾孫。佐戴武宣。三人。皆宋君。三命茲益共。三命。上卿也。言位高益共。故其鼎銘云。考父廟之鼎。一命而僂。

再命而傴三命而俯俯共於傴。傴共於僂。（僂）力主反（傴）紆羽反循牆而走言不敢安行亦莫余敢侮其共如是。人亦不敢侮之饘於是鬻於是以餬余口於是鼎中爲饘鬻。餬屬。言至儉。（饘）之然反（鬻）之六反其共也如是臧孫紇有言紇。武仲也曰聖人有明德者若不當世其後必有達人聖人之後有明德而不當大位。謂正考父今其將在孔丘乎我若獲没得以壽終必屬說與何忌於夫子使事之說。南宮敬叔。何忌。孟懿子。皆僖子之子。（屬）音燭（說）音悅而學禮焉以定其位。知禮則位安 故孟懿子與南宮敬叔師事仲尼。仲尼曰。能補過者。君子也。詩曰。君子是則是效。詩小雅 孟僖子可則效已矣。單獻公棄親用羇。獻公。周卿士。單靖公之子。頃公之孫。羇。寄客也。○單音善 冬。十月。辛酉。襄頃之族殺獻公而立成公。襄公。頃公之父。成公。獻公弟。○頃音傾 十一月。季武子卒。晉侯謂伯瑕伯瑕。士文伯 曰。吾所問日食從矣。可常乎。衛侯武子皆卒故 對曰。不可。六物不同。各異時 民心不壹。政教殊 事序不類有變易官職不則治官居職非一法同始異終胡可常也詩曰或燕燕居息或憔悴事國詩小雅。言不同○憔在遙反。詩作盡其異終也如是公曰何謂六物對曰歲時日月星辰是謂也公曰多語寡人辰而莫同何謂辰對曰日月之會是謂辰一歲日月十二會。所會謂之辰。○語魚據反故以配日謂以子丑配甲乙衛襄公夫人姜氏無子姜氏。宣姜嬖人婤始生孟縶孔成子夢康叔謂己立元成子。衛卿。孔達之孫烝鉏也。元。孟縶弟。夢時。元未生。婤音周。又直周反。姶烏荅反。縶張立反。余使羈之孫圉與史苟相之。羈。烝鉏子。苟。史朝子。史朝亦夢康叔謂己。余將命而子苟與孔烝鉏之曾孫圉相元。史朝見成子。告之夢。夢協。協。合也。晉韓宣子為政聘于諸侯之歲。在二年。婤姶生子。名之曰元。孟縶之足不良。弱行。跛也。孔成子以周易筮之。曰元尚享衛國。主其社稷。令著辭。遇屯䷂。震下坎上。屯。又曰。余尚立縶。尚克嘉之。嘉。善也。遇屯䷂之比䷇（坤下坎上。比。屯初九爻變。○比音鼻）以示史朝。史朝曰。元亨。又何疑焉（周易曰。屯元亨）成子曰。非長之謂乎（言屯之元亨。謂年長。非謂名元。○長丁丈反。下同）對曰。康叔名之。可謂長矣（善之長也）孟非人也。將不列於宗。不可謂長（足跛。非全人。不可列爲宗主）且其繇曰。利建侯（繇。卦辭。○繇直又反）嗣吉何建。建非嗣也（嗣子有常位。故無所卜。又無所建。今以位不定。卜嗣得吉。則當從吉而建之也）二卦皆云（謂再得屯卦。皆有建侯之文）子其建之。康叔命之。二卦告之。筮襲於夢。武王所用也弗從何爲外傳云大誓曰朕夢協朕卜襲於休祥戎商必克此武王辭弱足者居跛則偏弱居其家不能行侯主社稷臨祭祀奉民人事鬼神從會朝又焉得居各以所利不亦可乎孟跛利居元吉利建故孔成子立靈公

十二月癸亥葬衞襄公靈公元也

春秋經傳集解昭公二第二十一

舉人臣吳鼎颺敬書

春秋卷二十一考證

四年傳晉君少安註安于小小○案小小閣本作少小

于義爲安今據改

箴尹宜咎城鍾離○案箴尹官名義取箴石箴砭之意

應从竹與鍼通觀後文又作鍼尹可見从艸者爾雅

一名馬藍一名寒漿山海經有葴山皆與箴尹不類

又宣四年箴尹克黃原本亦从竹故知此爲刊誤

入弗謁註謁白也○案下告上曰稟白後漢鍾皓傳鍾

瑾常以李膺言白皓唐宣宗時名閹兒曰私白取其

有事進白也即此白字意　殿本閣本因上有使監

牛請曰因改白爲曰殊失註義

五年傳利人之難註謂往年莒亂而取鄫○取鄫　殿本閣本作取鄆非案去年莒亂著丘公不撫鄫鄫叛而來魯取之是取鄫而非取鄆也

七年傳傳序相授於今四王矣註共康郟敖及靈王○主係王字之譌依　殿本改

孟縶之足不良能行○案能行則非不良矣或以易跛能履爲言不知易乃取象謂六三陰柔才德本無足取郤乃自用自專如跛本不能履而自謂能履非眞能行也當依彙纂定本改弱行爲妥

孔成子以周易筮之註令蓍辭○令字即惠伯令龜之令閣本作今訛

春秋經傳集解昭公三第二十二

盡十二年

經[illegible]之弟招殺陳世子偃師以首惡從殺例故稱[illegible]世十[illegible]稱夏四月辛丑陳侯溺卒襄二十七年[illegible]夫閔宋○弱乃歷反于反叔弓如晉楚人執陳行人干徵師殺之稱行人明非行人罪陳公子留出奔鄭留為招所立。未成君而出奔秋蒐于紅革車千乘。不言大者、經文闕也。紅。魯地。沛國蕭縣西有紅亭。遠。疑。○(沛)音貝陳人殺其大夫公子過與招

乾隆四十八年

共殺偃師。書名。罪之。○過古禾反大雩無傳。不旱而秋雩。過也冬。十月。壬午。楚師滅陳不稱將帥。不以告。壬午。月十八日執陳公子招放之于越無傳。復稱公子。兄巳卒。○復扶又反殺陳孔奐無傳。招之黨。楚殺之○奐呼亂反葬陳哀公嬖人袁克葬之。魯往會。故書

傳八年。春。石言于晉魏榆魏榆。晉地晉侯問於師曠曰。石何故言。對曰。石不能言。或馮焉謂有精神馮依石而言不然。民聽濫也。濫。失也。○濫力暫反抑臣又聞之抑。疑辭曰。作事不時。怨讟動于民。則有非言。

之物而言今宮室崇侈民力彫盡彫。傷也怨讟竝作莫保其性性。命也。民不敢自保其性命石言不亦宜乎於是晉侯方築虒祁之宮虒祁。地名。在絳西四十里。臨汾水。○虒音斯叔向曰子野之言君子哉子野。師曠字君子之言信而有徵故怨遠於其身怨咎遠其身也。○遠于萬反小人之言僭而無徵故怨咎及之詩曰哀哉不能言匪舌是出唯躬是瘁詩小雅也。不能言謂不知言理。以僭言見退者。其言非不從舌出。以僭而無信。自取瘁病。故哀之。○出如字。又尺遂反哿矣能言。巧言如流。俾躬處休。其是之謂乎哿。嘉也。巧言如流。謂非正言而順叙。以聽言見荅者。言其可嘉。以信而有徵。自取安逸。師曠此言。緣問流轉。終歸于諫。故以比巧言如流也。當叔向時。詩義如此。故與今說詩者小異○哿古可反是宮也成。諸侯必叛。君必有咎。夫子知之矣謂十年晉侯彪卒傳陳哀公元妃鄭姬生悼大子偃師元妃。嫡夫人也二妃生公子留。下妃生公子勝。二妃嬖。留有寵。屬諸司徒招與公子過。招及過。皆哀公弟也○屬音燭哀公有癈疾。○癈甫肺反三月。

甲申。公子招。公子過殺悼大子偃師而立公子留。夏四月。辛亥。哀公縊憂恚自殺。經書辛丑。從赴。○恚一睡反干徵師赴于楚干徵師。陳大夫且告有立君。公子勝愬之于楚以招過殺偃師。告愬也楚人執而殺之殺干徵師公子留奔鄭。書曰陳侯之弟招殺陳世子偃師。罪在招也。楚人執陳行人干徵師殺之。罪不在行人也疑爲招赴楚。當同罪。故重發之叔弓如晉賀虒祁也賀宮成游吉相鄭伯以如晉。亦賀虒祁也史趙見子大叔曰甚哉其相蒙也蒙欺也○相息亮反下相吾室同可弔也而又賀之子大叔曰若何弔也其非唯我賀將天下實賀言諸侯畏晉非獨鄭秋大蒐于紅自根牟至于商衞革車千乘大蒐數軍實簡車馬也根牟魯東界琅邪陽都縣有牟鄉商宋地魯西竟接宋衞也言千乘明大蒐且見魯衆之大數也七月甲戌齊子尾卒子旗欲治其室子旗欒施也欲并治子尾之家政丁丑殺梁嬰梁嬰子尾家宰八月庚戌逐子成子工子車三子齊大夫子尾之屬子成頃公子

固也。子工成之弟鑄也。子車頃公之孫捷也。皆來奔不書。非卿。而立子良氏之宰子良。子尾之子高彊也。子旗爲子良立宰。其臣曰。孺子長矣孺子。謂子良。而相吾室。欲兼我也兼。并也。授甲將攻之。陳桓子善於子尾。亦授甲將助之。或告子旗。子旗不信。則數人告。將往。又數人告於道。遂如陳氏。桓子將出矣。聞之而還。聞子旗至。游服而逆之去戎備。著常游戲之服。請命。問桓子所至。對曰。聞彊氏授甲將攻子。子聞諸。曰。弗聞。子盍亦授甲。無宇請從。無宇。桓子名。從才用反子旗曰。子胡然。彼孺子也。吾誨之。猶懼其不濟。吾又寵秩之。謂爲之立宰其若先人何。子盍謂之。謂之。使無攻我周書曰。惠不惠。茂不茂。周書。康誥也。言當施惠於不惠者。勸勉於不勉者。茂。勉也康叔所以服弘大也。服。行也桓子稽顙曰。頃靈福子。頃公。靈公。欒氏所事之君吾猶有望。望子旗惠及已遂和之。如初。和欒高二家陳公子招歸罪於公子過而殺之。言招所以不死而得放九月。楚公子弃疾帥師奉孫吳圍陳孫吳。悼大子偃師之子惠公宋戴惡會之戴惡。宋大夫冬十一月壬午滅陳壬午。十月十八日。傳言十一月。誤輿嬖袁克殺馬毀玉以葬輿。衆也。袁克。嬖人之貴者。欲以非禮厚葬哀公楚人將殺之請寘之寘。置馬玉既又請私私。盡君臣恩私於幄加絰於顙而逃幄。帳也。逃。不欲爲楚臣。○絰直結反使穿封戌爲陳公戌。楚大夫。滅陳爲縣。使戌爲縣公曰城麇之役不諂城麇役在襄二十六年。戌與靈王爭皇頡。○麇九倫反侍飲酒於王。王曰。城麇之役。女知寡人之及此。女其辟寡人乎及此。謂爲王。○女音汝 對曰。若知君之及此。臣必致死禮以息楚息。寧靜也 晉侯問於史趙曰。陳其遂亡乎。對曰。未也。公曰。何故。對曰。陳顓頊之族也陳祖舜。舜出顓頊 歲在鶉火。是以卒滅。陳將如之顓頊氏以歲在鶉火而滅。火盛而水滅 今在析木之津。猶將復由箕斗之間有天漢。故謂之析木之津。由。用也 且陳氏得政于齊。而後陳卒亡物莫能兩盛 自幕至于瞽瞍。無違命幕。舜之先。瞽瞍。舜父。從幕至瞽瞍。間無違天命廢絕者 舜重之以明德。宣德於遂遂。舜後。蓋殷之興。存舜之後而封遂。言舜德乃至於遂遂世守之。及胡公不淫。故周賜之姓。使祀虞帝胡公滿。遂之後也。事周武王。賜姓曰嬀。封諸陳。紹舜後臣聞盛德必百世祀。虞之世數未也。繼守將在齊。其兆既存矣言陳氏興盛於齊。形兆已見

經。九年。春。叔弓會楚子于陳以事往。非行會禮許遷于夷許畏鄭欲遷。故以自遷爲文夏。四月。陳災天火曰災。陳既已滅。降爲楚縣。而書陳災者。猶晉之梁山沙鹿崩。不書晉。災害繫於所災所害。故以所在爲名

秋。仲孫貜如齊。貜俱縛反 冬。築郎囿

傳九年。春。叔弓。宋華亥。鄭游吉。衛趙黶會楚子于陳。楚子在陳。故四國大夫往。非盟主所召。不行會禮。故不揔書。○黶於減反

二月。庚申。楚公子弃疾遷許于夷。實城父。此時改城父爲夷。故傳實之。城父縣屬譙郡 取州來淮北之田以益之。益許田 伍舉授許男田。然丹遷城父人於陳。以夷濮西田益之。以夷田在濮水西者。與城父人 遷方城外人於許。成十五年。許遷於葉。因謂之許。今許遷於夷。故以方城外人實其處。傳言

靈王使民不安○葉始涉反周甘人。與晉閻嘉爭閻田甘人甘大夫襄也。閻嘉晉閻縣大夫晉梁丙張趯率陰戎伐潁陰戎陸渾之戎。潁周邑。○趯他歷反王使詹桓伯辭於晉辭責讓之。桓伯周大夫曰我自夏以后稷魏駘芮岐畢吾西土也在夏世以后稷功。受此五國。爲西土之長駘在始平武功縣所治斄城。岐在扶風美陽縣西北。○駘他來反芮如銳反斄他來反。一力之反及武王克商蒲姑商奄吾東土也樂安博昌縣北有蒲姑城○蒲如字。又音薄奄於檢反巴濮楚鄧吾南土也肅愼燕亳吾北土也肅慎。北夷。在玄菟北三千餘里吾何邇封之有邇。近也文武成康之建母弟以蕃屏周亦其廢隊是爲爲後世廢隊。兄弟之國。當救濟之。○隊音墜。爲去聲豈如弁髦而因以敝之童子垂髦。始冠。必三加冠。成禮而弃其始冠。故言弁髦因以敝之。弁亦冠也。○始冠去聲先王居檮杌于四裔以禦螭魅言檮杌。略舉四凶之一。下言四裔。則三苗在其中故允姓之姦居于瓜州允姓。陰戎之祖。與三苗俱放三危者。瓜州。今敦煌伯父惠公歸自秦而誘以來僖十五年。晉惠公自秦歸。二十二年。秦晉遷陸渾之戎於伊川使偪我諸姬。入我郊甸，則戎焉取之。邑外爲郊，郊外爲甸。言戎取周郊甸之地。○焉，於虔反，又如字。戎有中國，誰之咎也？咎在晉。后稷封殖天下，今戎制之，不亦難乎？后稷修封疆，殖五穀。今戎得之，唯以畜牧。伯父圖之。我在伯父，猶衣服之有冠冕，木水之有本原，民人之有謀主也。民人謀主，宗族之師長。伯父若裂冠毁冕，拔本塞原，專弃謀主，雖戎狄其何有余一人？伯父猶然，則雖戎狄無所可責。晉率陰戎伐周邑，故云然。叔向謂宣子曰：文之伯也，豈能改物？

言文公雖霸未能改正朔易服色○伯如字又音霸翼戴天子而加之以共翼佐也自文以來世有衰德而暴滅宗周宗周天子以宣示其侈諸侯之貳不亦宜乎且王辭直子其圖之宣子說王有姻喪外親之喪○說音悅使趙成如周弔且致閻田與襚襚送死衣反潁俘王亦使賓滑執甘大夫襄以說於晉晉人禮而歸之賓滑周大夫○說如字又音悅夏四月陳災鄭裨竈曰五年陳將復封封五十二年而遂亡子產

問其故。對曰。陳水屬也。陳。顓頊之後。故爲水屬。○復扶又反。下同火水妃也。火畏水。故爲之妃。○妃平聲。一音配而楚所相也。相治也。楚之先祝融爲高辛氏火正。主治火事。○相息亮反今火出而火陳。火。心星也。火出。於周爲五月。而以四月出者。以長歷推。前年誤置閏逐楚而建陳也。水得妃而興。陳興則楚衰。故曰逐楚而建陳妃以五成。故曰五年。妃。合也。五行各相妃合。得五而成。故五歲而陳復封。爲十三年陳侯吳歸于陳傳。○妃音配歲五及鶉火。而後陳卒亡。楚克有之。天之道也。故曰五十二年。是歲歲在星紀。五歲及大梁。而陳復

封。自大梁四歲而及鶉火。後四周四十八歲。凡五及鶉火。五十二年。天數以五爲紀。故五及鶉火。火盛水衰

晉荀盈如齊逆女。自爲逆。爲于僞反還六月。卒于戲陽。魏郡內黃縣北有戲陽城。戲許宜反殯于絳。未葬。晉侯飲酒樂。膳宰屠蒯趨入請佐公使尊。公之使人執尊酌酒。請爲之佐。樂音洛。蒯苦怪反許之。公許之而遂酌以飲工。工。樂師師曠也。飲於鴆反。下同曰。女爲君耳。將司聰也。樂所以聰耳。女音汝。下皆同辰在子卯。謂之疾日。疾。惡也。紂以甲子喪。桀以乙卯亡。故國君以爲忌日君徹宴樂。學人舍業。

爲疾故也。君之卿佐。是謂股肱。股肱或虧。何痛如之言痛疾過於忌日。○舍音捨。爲于僞反。下同女弗聞而樂。是不聽也。不聞是義而作樂又飲外嬖嬖叔外都大夫之嬖者曰。女爲君目。將司明也。職在外。故主視服以旌禮。旌。表也禮以行事事。政令事有其物物。類也物有其容。容。貌也今君之容。非其物也。有卿佐之喪。而作樂歡會。故曰非其物而女不見。是不明也。亦自飲也。曰。味以行氣。氣以實志。氣和則志充志以定言在心爲志。發口爲言言以出令。臣實司味。二御失官。而君弗命。臣之罪也。工與嬖叔。侍御君者。失官。不聰明。公說。徹酒。初公欲廢知氏。而立其外嬖。爲是悛而止。○說音悅。知音智。下同。悛七全反

秋。八月。使荀躒佐下軍。以說焉。躒。荀盈之子知文子也。佐下軍。代父也。說自解說。○躒力狄反。又音洛

孟僖子如齊殷聘。禮也。自叔老聘齊。至今二十年。禮意久曠。今脩盛聘。以無忘舊好。故曰禮

冬。築郎囿。書時也。季平子欲其速成也。叔孫昭子曰。詩曰。經始勿亟。庶民子來。詩大雅。言文王始經

營靈臺。非急疾之。衆民自以子義來。勸樂爲之。○樂如字。又五教反。一音洛焉用

速成其以勦民也勦，勞也。○勦初交反。又子小反無囿猶可。

無民其可乎

經十年。春。王正月。夏。齊欒施來奔。耆酒好內。以取敗亡。故書名

秋七月。季孫意如、叔弓、仲孫貜帥師伐

莒。三大夫皆卿。故書之。季孫爲主。二子從之戊子。晉侯彪卒。五同盟

九月。叔孫婼如晉。葬晉平公。三月而葬。速十有二

月。甲子。宋公成卒。十一同盟也。無冬。史闕文。○成音城。或音戍

傳十年春王正月有星出于婺女客星也。不書，非孛。

（字）蒲對反 鄭裨竈言於子産曰七月戊子晉君將死今兹歲在顓頊之虚歲，歲星也。顓頊之虚，謂玄枵。（虚）起魚反 姜氏任氏實守其地姜，齊姓。任，薛姓。齊、薛二國守玄枵之地 居其維首而有妖星焉告邑姜也客星居玄枵之維首。邑姜，齊大公女，晉唐叔之母。星占：婺女爲既嫁之女，織女爲處女。邑姜，齊之既嫁女。妖星在婺女。齊得歲，故知禍歸邑姜 邑姜晉之妣也天以七紀二十八宿，面七。 戊子逢公以登星斯於是乎出逢公，殷諸侯，居齊地者。逢公將死。妖星出婺女。時非歲星所在。故齊自當禍。而以戊子日卒吾是以譏之爲晉侯彪卒傳齊惠欒高氏皆耆酒欒。高。二族。皆出惠公信內多怨說婦人言。故多怨彊於陳鮑氏。而惡之惡陳鮑。○惡烏路反夏有告陳桓子曰。子旗子良將攻陳鮑。亦告鮑氏。桓子授甲而如鮑氏。遭子良醉而騁欲及子良醉。故驅告鮑文子遂見文子文子。鮑國則亦授甲矣。使視二子二子。子旗。子良則皆將飲酒。桓子曰。彼雖不信彼。傳言者聞我授甲。則必逐我。及其飲酒也。先伐諸陳鮑方睦。遂伐欒高氏。子良曰。先得公。陳鮑焉往。欲以公自輔助遂伐虎門。欲入公不聽。故伐公門晏平仲端委立于虎門之外。端委。朝服四族召之。無所往。四族。欒高陳鮑其徒曰。助陳鮑乎。曰何善焉。言無善義可助助欒高乎。曰庸愈乎。罪惡不差於陳鮑○差初賣反然則歸乎。曰君伐焉歸。公召之而後入。公卜使王黑以靈姑銔率吉。請斷三尺焉而用之。王黑。齊大夫。靈姑銔。公旗名。斷三尺。不敢與君同。○銔扶眉反。又音丕。率所律反。又所類反 (斷)丁管反 五月庚辰戰于稷稷。祀后稷之處欒高敗。又敗諸莊莊。六軌之道國人追之。又敗諸鹿門鹿門。齊城門欒施高彊來奔高彊不書。非卿陳鮑分其室。晏子謂桓子。必致諸公。讓德之主也。讓之謂懿德。凡有血氣。皆有爭心。故利不可強不可強取○(強)其丈反思義爲愈。義利之本也。蘊利生孽蘊。畜也。孽。妖害也○(蘊)紆粉反姑使無蘊乎。可以滋長。桓子盡致諸公。而請老于莒莒。齊邑。○(長)丁丈反桓子召子山子山。子商。子周。襄三十一年。子尾所逐羣公子私具幄幕器用從者之衣屨私具。不告公而反棘焉棘。子山故邑。齊國西安縣東有戟里亭子商亦如之。而反其邑。子周亦如之。而與之夫于子周本無邑。故更與之。濟南於陵縣西北有于亭反子城。子公。公孫捷三子。八年子旗所逐而皆益其祿。凡公子公孫之無祿者。私分之邑桓子以己邑分之國之貧約孤寡者。私與之粟。曰。詩云。陳錫載周。能施也詩大雅。言文王能布陳大利。以賜天下。行之周徧。施始豉反桓公是以霸

（齊桓公亦能施以致霸）公與桓子莒之旁邑。辭。（讓不受）穆孟姬爲之請高唐。陳氏始大。（穆孟姬。景公母。傳言陳氏所以興）秋七月。平子伐莒。取郠。（郠。莒邑。取郠不書。公見討於平丘。魯諱之。郠音梗）獻俘。始用人於亳社。（以人祭殷社）臧武仲在齊。聞之曰。周公其不饗魯祭乎。周公饗義。魯無義。詩曰。德音孔昭。視民不佻。（詩小雅。佻。偷也。言明德君子必愛民。○佻。他彫反）佻之謂甚矣。而壹用之。將誰福哉。（壹。同也。同人於畜牲）戊子。晉平公卒。（如裨竈之言）鄭伯如晉。及河，晉人辭之。游吉遂如晉。禮，諸侯不相弔，故辭。

九月，叔孫婼、齊國弱、宋華定、衛北宮喜、鄭罕虎、許人、曹人、莒人、邾人、滕人、薛人、杞人、小邾人如晉，葬平公也。經不書諸侯大夫者，非盟會。鄭子皮將以幣行。見新君之贄。○見，音現，下至因見同。子產曰：「喪焉用幣？用幣必百兩，載幣用車百乘。百兩必千人。千人至，將不行。行，用也。不行，必盡用之。不得見新君，將自費用盡。幾千人而國不亡？」言千人之費不可數。○幾，音紀。數，所角反。子皮固請以行。既葬。諸侯之大夫欲因見新君。叔孫昭子曰。非禮也。弗聽。叔向辭之曰。大夫之事畢矣。（送葬禮畢）而又命孤。孤斬焉在衰絰之中。（既葬未卒哭。故猶服斬衰）其以嘉服見。則喪禮未畢。其以喪服見。是重受弔也。大夫將若之何。皆無辭以見。子皮盡用其幣。歸。謂子羽曰。非知之實難。將在行之。（言不患不知。患不能行。○以見音現。下同）夫子知之矣。我則不足。（言已由子產之戒。既知其不可。而遂行之。是我之不足）書曰。欲敗度。縱敗禮逸書我之謂矣。夫子知度與禮矣。我實縱欲。而不能自克也欲因喪以慶新君。故縱而行之。不能自勝。勝音升昭子至自晉。大夫皆見。高彊見而退高彊。子良昭子語諸大夫曰。爲人子。不可不愼也哉。昔慶封亡。子尾多受邑而稍致諸君。君以爲忠而甚寵之。將死。疾于公宮。在公宮被疾語魚據反輦而歸。君親推之推其車而送之。推如字。又他回反其子不能任。是以在此。忠爲令德。其子弗能任。罪猶及之難不慎也。喪夫人之力。弃德曠宗。以及其身。不亦害乎。夫人。謂子尾。曠。空也。任音壬。喪息浪反。詩曰。不自我先。不自我後。其是之謂乎。詩小雅。言禍亂不在他。正當已身。以喻高彊身自取此禍。冬十二月。宋平公卒。初。元公惡寺人柳。欲殺之。元公。平公大子佐也。惡烏路反。及喪。柳熾炭于位。以溫地。將至則去之。使公坐其處。去起呂反。比葬。又有寵。言元公好惡無常。

經十有一年。春。王二月。叔弓如宋。葬宋平公。

夏四月丁巳。楚子虔誘蔡侯般殺之于申。蔡侯雖弑父而立。楚子誘而殺之。刑其羣士。蔡大夫深怨。故以楚子名告。○般音班。楚公子弃疾帥師圍蔡。五月甲申。夫人歸氏薨。昭公母。胡女。歸姓。大蒐于比蒲。○比音毗。仲孫貜會邾子盟于祲祥。祲祥地闕。○祲子鴆反。又七林反。秋。季孫意如會晉韓起、齊國弱、宋華亥、衛北宮佗、鄭罕虎、曹人、杞人于厥憖。厥憖地闕。○佗徒何反。憖魚靳反。又五巾反。一五轄反。九月己亥。葬我小君齊歸。齊謚。冬十有一月丁酉。

楚師滅蔡。執蔡世子有以歸。用之。用之。殺以祭山

傳。十一年。春。王二月。叔弓如宋。葬平公也。嫌以聘事行。故傳具之景王問於萇弘曰。今兹諸侯何實吉。何實凶。萇弘。周大夫○萇直良反對曰。蔡凶。此蔡侯般弑其君之歲也。歲在豕韋。襄三十年。蔡世子般弑其君。歲在豕韋。至今十三歲。歲復在豕韋。般。即靈侯也弗過此矣。言蔡凶不過此年楚將有之。然壅也。蔡近楚。故知楚將有之。楚無德而享大利。所以壅積其惡歲及大梁。蔡復。楚凶。天之道也。楚靈王弑立之歲。歲在大

梁。到昭十三年。歲復在大梁。美惡周必復。故知楚凶。楚子在申。召蔡靈侯。靈侯將往。蔡大夫曰。王貪而無信。唯蔡於感。蔡近楚之大國。故楚常恨其不服順。○感戶暗反今幣重而言甘。誘我也。不如無往。蔡侯不可。三月。丙申。楚子伏甲而饗蔡侯於申。醉而執之。夏四月。丁巳。殺之。刑其士七十人。公子弃疾帥師圍蔡。傳言楚子無道韓宣子問於叔向曰。楚其克乎。對曰。克哉。蔡侯獲罪於其君。謂弒父而立而不能其民。不能施德天將假手於楚以斃之借楚手以討蔡何故不克然肸聞之不信以幸不可再也楚王奉孫吴以討於陳曰將定而國陳人聽命而遂縣之事在八年今又誘蔡而殺其君以圍其國雖幸而克必受其咎弗能久矣桀克有緡以喪其國紂克東夷而隕其身紂爲黎之蒐東夷叛之桀爲仍之會有緡叛之故伐而克之楚小位下而亟暴於二王能無咎乎天之假助不善非祚之也厚其凶惡而降之

罰也且譬之如天其有五材而將用之力盡而敝之是以無拯不可沒振金木水火土五者為物用久則必有敝盡盡則弃捐故言無拯拯猶救助也不可沒振猶沒不可復振○亟欺冀反五月齊歸薨大蒐于比蒲非禮也孟僖子會邾莊公盟于祲祥脩好禮也蒐非存亡之由故臨喪不宜為之盟會以安社稷故喪盟謂之禮泉丘人有女夢以其帷幕孟氏之廟泉丘魯邑遂奔僖子其僚從之鄰女為僚友者隨而奔僖子盟于清丘之社曰有子無相弃也二女自共

盟。僖子使助薳氏之簉。簉副倅也。薳氏之女。爲僖子副妾。别居在外。故僖子納泉丘人女。令副助之。○薳爲彼反。簉初又反。反自祲祥。宿于薳氏。生懿子及南宮敬叔於泉丘人。其僚無子。使字敬叔。字養也。似雙生。楚師在蔡。向四月之師。晉荀吳謂韓宣子曰。不能救陳。又不能救蔡。物以無親。物事也。晉之不能。亦可知也。已爲盟主。而不恤亡國。將焉用之。秋。會于厥慭。謀救蔡也。不書救蔡。不果救。鄭子皮將行。子產曰。行不遠。不能救蔡也。蔡小而不順，楚大而不德，天將弃蔡以壅楚，盈而罰之，盈楚惡。蔡必亡矣，且喪君而能守者鮮矣。三年，王其有咎乎。美惡周必復。王惡周矣。元年。楚子弒君而立。歲在大梁。後三年。十三歲。歲星周。復於大梁。○〔復〕於。去聲晉人使狐父請蔡于楚，弗許。狐父。晉大夫。單子會韓宣子于戚，單子。單成公視下言徐。叔向曰：單子其將死乎。朝有著定，著定。朝内列位常處。謂之表著。會有表，野會。設表以爲位衣有襘，帶有結。襘。領會。結。帶結也。○〔襘〕古外反會朝之言必聞于表著之位所以昭事序也視不過結襘之中所以道容貌也言以命之容貌以明之失則有闕今單子爲王官伯而命事於會視不登帶言不過步貌不道容而言不昭矣不道不共不昭不從貌正曰共言順曰從無守氣矣爲此年冬單子卒起本九月葬齊歸公不慼晉士之送葬者歸以語史趙史趙曰必爲魯郊言昭公必出在郊野不能有國○語魚據反侍者曰何故曰歸

姓也不思親祖不歸也姓生也言不思親則不爲祖考所歸佑叔向曰魯公室其卑乎君有大喪國不廢蒐謂蒐比蒲有三年之喪而無一日之慼國不恤喪不忌君也忌畏也君無慼容不顧親也國不忌君君不顧親能無卑乎殆其失國爲二十五年公孫於齊傳冬十一月楚子滅蔡用隱大子于岡山蔡靈公之大子蔡侯廬之父申無宇曰不祥五牲不相爲用況用諸侯乎五牲牛羊豕犬雞○爲去聲或如字王必悔之悔爲

暴虐

十二月。單成公卒。終叔向之言楚子城陳蔡不羹。襄城縣東南有不羹城。定陵西北有不羹亭○羹音郎。漢書作更字使弃疾爲蔡公。王問於申無宇曰。弃疾在蔡何如。對曰。擇子莫如父。擇臣莫如君。鄭莊公城櫟而寘子元焉。使昭公不立。子元。鄭公子。莊公寘子元於櫟。桓十五年。厲公因之以殺櫟大夫檀伯。遂居櫟。卒使昭公不安位而見殺○櫟力狄反齊桓公城穀而寘管仲焉。至于今賴之。城穀在莊三十二年臣聞五大不在邊。五細不在庭。上古。金。木。水。火。土。謂之五官。玄鳥氏。丹鳥氏。亦有五。又以五鳩鳩民。五雉爲五工正。蓋立官之本也。末世隨事施職。是以官無常數。今無宇稱習古言。故云五大也。言五官之長。專盛過節。則不可居邊。細弱不勝任。亦不可居朝廷。親不在外。羇不在內。今弃疾在外。鄭丹在內。襄十九年丹奔楚君其少戒。王曰。國有大城何如。對曰。鄭京櫟實殺曼伯。曼伯。檀伯也。厲公得櫟。又并京。○曼音萬宋蕭亳實殺子游。在莊十二年齊渠丘實殺無知。在莊九年。渠丘。今齊國西安縣也。齊大夫雍廩邑衞蒲戚實出獻公。蒲。甯殖邑。戚。孫林父邑。出獻公在襄十四年若由是觀

之。則害於國。末大必折折其本尾大不掉。君所知也。爲十三年陳蔡作亂傳。○掉徒弔反

經。十有二年。春。齊高偃帥師。納北燕伯于陽三年。燕伯出奔齊。高偃。高傒玄孫。齊大夫。陽即唐。燕別邑。中山有唐縣。不言于燕。未得國都。○傒音奚三月。壬申。鄭伯嘉卒五同盟夏。宋公使華定來聘定。華椒孫公如晉。至河乃復晉人以莒故辭公五月。葬鄭簡公三月而葬。速楚殺其大夫成熊傳在葬簡公上。經從赴秋。七月。冬。十月。公子慭出奔齊書名。

謀亂故也。○懟，魚覲反。一讀爲整。楚子伐徐。不書圍，以乾谿師告。晉伐鮮虞。不書將帥，史闕文。

傳十二年春，齊高偃納北燕伯款于唐，因其衆也。言因唐衆欲納之，故得先入唐。三月，鄭簡公卒。將爲葬除，除葬道。○爲，于僞反。及游氏之廟，游氏，子大叔族。將毀焉。子大叔使其除徒執用以立，而無庸毀，用，毀廟具。曰：「子産過女，而問何故不毀，乃曰：不忍廟也。諾，將毀矣。」教毀廟者之辭。○女音汝。既如是，子産乃使辟之。

昭十二年

司墓之室有當道者簡公別營葬地。不在鄭先公舊墓。故道有臨時迁直也。司墓之室。鄭之掌公墓大夫徒屬之家。○迁音于毀之則朝而堋堋下棺。○朝如字。堋北鄧反。又甫贈反。又作窆。音砭弗毀則日中而堋子大叔請毀之曰無若諸侯之賓何不欲久留賓子產曰諸侯之賓能來會吾喪豈憚日中無損於賓而民不害何故不爲遂弗毀日中而葬君子謂子產於是乎知禮禮無毀人以自成也夏宋華定來聘通嗣君也宋元公新即位公享之。爲賦蓼蕭，弗知，又不荅賦。蓼蕭，詩小雅。義取燕笑語兮，是以有譽處兮。樂與華定燕語也。又曰：既見君子，爲龍爲光。欲以寵光賓也。又曰：宜兄宜弟，令德壽凱。言賓有令德，可以壽樂也。又曰：和鸞雍雍，萬福攸同。言欲與賓同福祿也。昭子曰：必亡。宴語之不懷，懷，思也。寵光之不宣，宣，揚也。令德之不知，同福之不受，將何以在？爲二十年華定出奔傳。

齊侯、衛侯、鄭伯如晉，朝嗣君也。晉昭公新立。

公如晉，亦欲朝嗣君。至河乃復。取郠之役，在十年。莒人愬于晉，晉有平公之喪，未之治也，故辭公。公子憖遂如晉憖。魯大夫。如晉不書。還不復命而奔。故史不書於策晉侯享諸侯。子產相鄭伯。辭於享。請免喪而後聽命簡公未葬晉人許之。禮也善晉不奪孝子之情晉侯以齊侯宴。中行穆子相穆子。荀吳投壺。晉侯先穆子曰。有酒如淮。有肉如坻。淮。水名。坻。山名坻直疑反寡君中此。爲諸侯師。中之。齊侯舉矢曰。有酒如澠。有肉如陵澠水出齊國臨淄縣北。入時水。陵。大阜也。中丁仲反。下同澠音蠅寡人中此。與君代興代。更也。更音庚亦中之。伯瑕謂穆子曰。子失辭。吾固師諸侯矣。伯瑕。士文伯。壺何爲焉。其以中儁也。言投壺中。不足爲儁異。齊君弱吾君。歸弗來矣。欲與晉君代興。是弱之。穆子曰。吾軍帥彊禦。卒乘競勸。今猶古也。齊將何事。言晉德不衰於古。齊不事晉。晉將無所事。公孫傁趨進曰。日旰君勤。可以出矣。以齊侯出。傁。齊大夫。傳言晉之衰。○傁素口反。又所流反。旰古旦反。楚子謂成虎若敖之餘也。遂殺之。成虎。令尹子玉之孫。與鬭氏同出於若敖。宣四年。鬭椒作亂。今楚子信譖。而託討若敖之餘。或譖成虎於楚子。成虎知之。而不能行。書曰。楚殺其大夫成虎。懷寵也。解經所以書名六月葬鄭簡公傳終子產辭享。明既葬則為免喪。經書五月。誤。晉荀吳偽會齊師者假道於鮮虞。遂入昔陽。鮮虞。白狄別種。在中山新市縣。昔陽。肥國都。樂平沾縣東有昔陽城秋八月壬午。滅肥。以肥子緜皋歸。肥。白狄也。緜皋。其君名。鉅鹿下曲陽縣西南有肥累城。為下晉伐鮮虞起。○累晉壘周原伯絞。虐其輿臣。使曹逃。原伯絞。周大夫。原公也。輿。衆也。曹。羣也冬十月壬申朔。原輿人逐絞而立公子跪尋跪尋。絞弟絞奔郊郊。周也甘簡公無子立其弟過甘簡公。周卿士。○過古禾反。下之子過同過將去成景之族成公景公皆過之先君○去起呂反成景之族賂劉獻公欲使殺過。劉獻公亦周卿士。劉定公子丙申殺甘悼公悼公即過而立成公之孫鰌鰌。平公。○鰌音秋丁酉殺獻大子之傅庾皮之子過過。劉獻公大子之傅殺瑕辛于市及宮嬖綽王孫沒劉州鳩陰忌老陽子六子。周大夫。及庾過。皆甘悼公之黨。傳言周衰。原甘二族所以遂微季平子立而不禮於南蒯蒯。南遺之子。季氏費邑宰。蒯苦怪反費音祕南蒯謂子仲子仲。公子憖吾出季氏而歸其室於公室。季氏家財子更其位更。代也。更音庚我以費爲公臣子仲許之南蒯語叔仲穆子且告之故穆子。叔仲帶之子叔仲小也。語以欲出季氏。以不見禮故。語魚據反季悼子之卒也叔孫昭子以再命爲卿悼子。季武子之子。平子父也。傳言叔孫之見命。乃在平子爲卿之前及平子伐莒克之更受三命十年。平子伐莒。以功加三命。昭子不伐莒。亦以例加爲三命叔仲子欲構二家欲構使相憎謂平子曰。

三命踰父兄。非禮也。言昭子受三命。自踰其先人。平子曰。然。故使昭子。使昭子自貶黜。昭子曰。叔孫氏有家禍。殺適立庶。故婼也及此。禍在四年。若因禍以斃之。則聞命矣。言因亂討。已不敢辭。若不廢君命。則固有著矣。著。位次。昭子朝而命吏曰。婼將與季氏訟。書辭無頗。頗。偏也。頗普何反。季孫懼而歸罪於叔仲子。故叔仲小。南蒯。公子憖謀季氏。憖告公而遂從公如晉。憖。子仲。南蒯懼不克。以費叛如齊。子仲還及衛。聞亂。逃介而先。介。副使也及郊。聞費叛。遂奔齊。言及郊。解經所以書出南蒯之將叛也。其鄉人或知之。過之而歎。鄉人過蒯而歎且言曰。恤恤乎。湫乎攸乎。恤恤。憂患。湫。愁隘。攸。懸危之貌。○湫子小反。又在酒反。一音秋深思而淺謀。邇身而遠志。家臣而君圖。家臣而圖人君之事。故言思深而謀淺。身近而志遠。○思息嗣反有人矣哉。言今有此人。微以感之南蒯枚筮之。不指其事。汎卜吉凶遇坤䷁坤下坤上。坤之比䷇坤下坎上。比。坤六五爻變曰黃裳元吉坤六五爻辭以爲大吉也示子服惠伯曰即欲有事何如惠伯曰吾嘗學此矣忠信之事則可不然必敗外彊內溫忠也坎險故彊坤順故溫彊而能溫所以爲忠和以率貞信也水和而土安正和正信之本也故曰黃裳元吉黃中之色也裳下之飾也元善之長也中不忠不得其色言非黃下不共不得其飾不爲裳事不善不得其極失中德外內倡和爲忠不相違也○和戶臥反率事以信爲共率猶行也供養三德爲善三德謂正

直。剛克。柔克也。○供九用反。養餘亮反非此三者弗當非忠信善，不當此卦。○當如字。或丁浪反且夫易不可以占險將何事也。且可飾乎夫易猶此易。謂黃裳元吉之卦。問其何事。欲令從下之飾中美能黃上美爲元。下美則裳。參成可筮參美盡備，吉可如筮猶有闕也。筮雖吉。未也有闕。謂不參成將適費。飲鄉人酒南蒯自其家還適費。○飲於鴆反鄉人或歌之曰。我有圃。生之杞乎言南蒯在費欲爲亂。如杞生於園圃。非宜也。杞。世所謂枸杞也從我者子乎子。男子之通稱。言從己。可不失今之尊。○稱尺證反去我者鄙乎，倍其鄰者恥乎。鄰猶親也。已乎已乎，非吾黨之士乎。已乎已乎，言自遂不改。平子欲使昭子逐叔仲小。欲以自解說。小聞之，不敢朝。昭子命吏謂小待政於朝，曰：吾不爲怨府。言不能爲季氏逐小，生怨禍之聚。爲明年叔弓圍費傳。楚子狩于州來，狩，冬獵也。次于潁尾，潁水之尾，在下蔡西。使蕩侯、潘子、司馬督、囂尹午、陵尹喜帥師圍徐以懼吳。五子，楚大夫。徐，吳與國，故圍之以偪吳。○囂，五刀反，又許驕反。楚子次于乾谿，在譙國城父縣南。以爲之援。

雨雪。王皮冠。秦復陶秦所遺羽衣也。(雨)于付反(復)音服。一音福翠被以翠羽飾被豹舄以豹皮爲履執鞭以出執鞭以敎令僕析父從楚大夫。(從)才用反右尹子革夕子革。鄭丹。夕。莫見。(莫)音墓(見)賢遍反王見之。去冠被舍鞭敬大臣。(去)起呂反(舍)音捨與之語曰。昔我先王熊繹楚始封君與呂伋齊大公之子丁公王孫牟衛康叔子康伯燮父。晉唐叔之子(燮)素協反禽父周公子伯禽並事康王康王。成王子四國皆有分。我獨無有四國。齊。晉。魯。衛。分。珍寶之器。(分)扶問反。下同今吾使人於周求鼎以爲分。王其與我乎。對曰。與君王哉。昔我先王熊繹。辟在荆山。在新城沶鄉縣南。○辟匹亦反。沶音市篳路藍縷。以處草莽。跋涉山林。以事天子。唯是桃弧棘矢。以共禦王事。桃弧棘矢以禦不祥。言楚在山林。少所出有。○共音恭。禦魚呂反齊王舅也。成王母。齊大公女晉及魯衛王母弟也。楚是以無分。而彼皆有。今周與四國服事君王。將唯命是從。豈其愛鼎。王曰。昔我皇祖伯父昆吾。舊許是宅。陸終氏生六子。長曰昆吾。少曰季連。季連。楚之祖。故謂昆吾爲伯父。昆吾嘗居許地。故曰舊許是宅今鄭人貪賴其田。而不我與。我若求之。其與我乎。對曰。與君王哉。周不愛鼎。鄭敢愛田。王曰。昔諸侯遠我而畏晉。今我大城陳蔡不羹。賦皆千乘。子與有勞焉。諸侯其畏我乎。對曰。畏君王哉。是四國者。專足畏也。四國。陳。蔡。二不羹。○遠于萬反羹音郎與音預又加之以楚。敢不畏君王哉。工尹路請曰。君王命剝圭以爲鏚柲。鏚。斧也。柲。柄也。破圭玉以飾斧柄○

鍼音咸　秘音祕　敢請命請制度之命　王入視之。析父謂子革。吾子楚國之望也。今與王言如響。國其若之何譏其順王心如響應聲　子革曰。摩厲以須。王出。吾刃將斬矣以已喻鋒刃。欲自摩厲以斬王之淫慝　王出。復語。左史倚相趨過倚相。楚史名。○復扶又反。倚於綺反　王曰。是良史也。子善視之。是能讀三墳五典八索九丘皆古書名。○索所白反　對曰。臣嘗問焉。昔穆王欲肆其心周穆王。肆極也　周行天下。將皆必有車轍馬跡焉。祭公謀父作祈招之詩以止王心謀父。周卿士。祈父。周司馬。世掌甲兵之職。招其名。祭公方諫遊行。故指司馬官而言。此詩逸。○周行如字。又下孟反祭側界反招常遙反王是以獲沒於祇宮獲沒。不見篡弒。○祇音支。又音祁臣問其詩而不知也若問遠焉其焉能知之王曰子能乎對曰能其詩曰祈招之愔愔式昭德音愔愔。安和貌。式。用也。昭。明也。○愔一心反思我王度式如玉式如金金玉。取其堅重形民之力而無醉飽之心言國之用民。當隨其力任。如金冶之器。隨器而制形。故言形民之力。去其醉飽

過盈之心王揖而入饋不食寢不寐數日深感子革之言

○數所主反不能自克以及於難克勝也○難乃旦反勝升證反。

又音升仲尼曰古也有志克己復禮仁也信善

哉。楚靈王若能如是豈其辱於乾谿。晉伐鮮

虞肥役在此年

春秋經傳集解昭公三第二十二

舉人臣胡鈺敬書

春秋卷二十二考證

八年傳吾又寵秩之註謂爲之立宰。謂 殿本閣本作請案上云立子良氏之宰明是已立非尚待爲之請也當依原本爲是

九年傳豈如弁髦而因以敝之註弁亦冠也。 殿本閣本杜林合註本無此四字

十年傳天以七紀註二十八宿面七。面七杜林合註本永懷堂本作四七案面七猶云每面各七天極在中宮蒼龍元武白虎朱鳥各七宿分布四面是即四七之義改面作四於義轉淺

莒人邾人滕人薛人。殿本閣本無滕人二字恐係脫簡

十一年傳三月丙申楚子伏甲而饗蔡侯于申。三月殿本閣本作五月案殺蔡侯在四月丁巳則此方因饗而執之安得先云五月

美惡周必復註後三年十三歲歲星周。案昭元年歲星在大梁十三歲一周是再復大梁當在昭十三年也今是十一年則後二年即歲星周矣原本作後三年訛今改正

十有二年傳公饗之爲賦蓼蕭。彙纂定本殿本閣

本杜林合註本俱無公字案上文未有公字此處似不應省

將適費飲鄉人酒註南蒯自其家還適費。還 殿本閣本作遷訛蒯乃費邑宰或以事返其家今自其家復至費故言還非遷也

次於潁尾註潁水之尾在下蔡西。 殿本閣本無西字案潁尾潁水入淮處漢志潁水出陽城縣陽乾山東至下蔡西入淮即其地西字似不可省

春秋經傳集解昭公四第二十三

盡十七年

經[illegible]。叔弓帥師圍費。不書南蒯以費叛。不以告。[illegible]月。楚公子比自晉歸于楚。弒其君虔于乾谿。比去晉而不送。書歸者。依陳蔡以入。言陳蔡猶列國也。比歸而靈王死。故書弒其君。靈王無道而弒稱臣。比非首謀而反書弒。比雖脅立。猶以罪加也。靈王死在五月。又不在乾谿。楚人生失靈王。故本其始禍以赴之。楚公子棄疾殺公子比。比雖爲君。而未列於諸侯。故不稱爵。殺不稱人。罪棄疾。秋。公會劉子。晉侯。齊侯。宋公。衛侯。鄭伯。曹伯。莒子。邾子。滕子。薛伯。杞伯。小邾子。于平丘。平丘在陳留長垣縣西南。○垣音袁八月甲戌。同盟于平丘。書同。齊服故公不與盟。魯不堪晉求。讒慝弘多。公不與盟。非國惡。故不諱。○與音預晉人執季孫意如以歸。公至自會。無傳蔡侯廬歸于蔡。○廬音盧。又力居反陳侯吳歸于陳。陳蔡皆受封于楚。故稱爵。諸侯納之曰歸冬十月。葬蔡靈公。蔡復。而後以君禮葬之公如晉。至河乃復。晉人辭公吳滅州來。州來。楚邑。用大師焉曰滅傳十三年春叔弓圍費弗克敗焉爲費人所敗。不書。諱之平子怒令見費人執之以爲囚俘冶區夫曰非也區夫。魯大夫。○區烏侯反。一丘于反若見費人寒者衣之飢者食之爲之令主而共其乏困費來如歸南氏亡矣民將叛之誰與居邑若憚之以威懼之以怒民疾而叛爲之聚也若諸侯皆然費人無歸不親南氏將焉入矣平子從之費人叛南氏費叛南氏在明年。傳善區夫之謀。終言其效。○衣於既反食音嗣。共音恭爲之聚。于僞反楚子之爲令尹也。殺大司馬薳掩而取其室。在襄三十年○薳于委反及即位。奪薳居田居。掩之族。言薳氏所以怨遷許而質許圍遷許在九年。圍。許大夫。○質音致蔡洧有寵於王。王之滅蔡也。其父死焉楚滅蔡在十一年。洧仕楚。其父在國。故死。○洧于軌反王使與於守而行使洧守國。王行至乾谿○與音預守手又反申之會。越大夫戮焉申會在四年王奪鬭韋龜中犫韋龜。令尹子文玄孫。中犫。邑名。○犫尺州反又奪成然邑。而使爲郊尹成然。韋龜子。郊尹。治郊竟大夫蔓成然故事蔡公蔡公。弃疾也。故猶舊也。韋龜以弃疾有當璧之命。故使成然事之故薳氏之族及薳居許圍蔡洧蔓成然皆王所不禮也因羣喪職之族啓越大夫常壽過作亂常壽過。申會所戮者。○過古禾反圍固城克息舟城而居之息舟。楚邑城之堅固者觀起之死也其子從在蔡事朝吴觀起死在襄二十二年。朝吴。故蔡大夫聲子之子。○從如字朝如字曰。令不封蔡。蔡不封矣。我請試之觀從以父死怨楚。故欲弑作亂以蔡公之命召子干子晳二子。皆靈王弟。元年。子干奔晉。子皙奔鄭及郊而告之情告以蔡公不知謀強與之盟。入襲蔡。蔡公將食。見之而逃。不知其故。驚起辟之。強其丈反觀從使子干食。坎用牲加書而速行使子干居蔡公之牀。食蔡公之食。竝僞與蔡公盟之徵驗。以示衆已徇於蔡。已。觀從也已音紀曰。蔡公召二子。將納之。與之盟而遣之矣。將師而從之詐言蔡公將以師助二子蔡人聚將執之執觀從辭曰。失賊成軍而殺余何益。乃釋之賊謂子干子皙也。言蔡公已成軍。殺己不解罪朝吳曰。二三子若能死亡。則如違之。以待所濟。言若能爲靈王死亡。則可違蔡公之命。以待成敗如何若求安定。則如與之。以濟所欲。言與蔡公則可得安定且違上何適而可。言不可違上也。上。謂蔡公衆曰。與之。乃奉蔡公。召二子而盟于鄧。潁川召陵縣西南有鄧城。二子。子干。子皙依陳蔡人以國。國陳蔡而依之楚公子比子干公子黑肱子皙公子弃疾蔡公蔓成然蔡朝吳。帥陳蔡。不羹。許。葉。之師。因四族之徒。四族。薳氏。許圍。蔡洧。蔓成然。羹音郎。葉始涉反以入楚。及郊。陳蔡欲爲名故請爲武軍欲築壘壁以示後人爲復讎之名蔡公知之曰欲速且役病矣請藩而已乃藩爲軍藩籬也蔡公使須務牟與史猈先入因正僕人殺大子祿及公子罷敵須務牟史猈楚大夫蔡公之黨也正僕大子之近官○猈皮皆反徐扶蟹反又扶移反罷音皮徐甫綺反一蒲買反公子比爲王公子黑肱爲令尹次于魚陂竟陵縣城西北有甘魚陂公子弃疾爲司馬先除王宮使觀從從師于乾谿而遂告之從乾谿之師告使叛靈王且曰先歸復

所後者劓（劓，截鼻。○劓，魚器反。）師及訾梁而潰。（靈王還至訾梁而衆散。○訾，子斯反。）王聞羣公子之死也，自投于車下，曰：人之愛其子也，亦如余乎？侍者曰：甚焉。小人老而無子，知擠于溝壑矣。（擠，隊也。○擠，子細反。）王曰：余殺人子多矣，能無及此乎？右尹子革曰：請待于郊，以聽國人。（聽國人之所與。）王曰：衆怒不可犯也。曰：若入於大都而乞師於諸侯。王曰：皆叛矣。曰：若亡於諸侯以聽大國之圖君也。王曰：

大福不再祇取辱焉然丹乃歸于楚然丹子革。弃王歸。祇音支王沿夏將欲入鄢夏漢别名。順流爲沿。順漢水南至鄢夏上聲鄢於建反。一於晩反芋尹無宇之子申亥曰吾父再奸王命謂斷王旌。執人於章華宮。芋于付反。又音羽王弗誅惠孰大焉君不可忍惠不可弃吾其從王乃求王遇諸棘闈以歸棘里名。闈門也夏五月癸亥王縊于芋尹申亥氏癸亥五月二十六日皆在乙卯丙辰後傳終言之經書四月誤申亥以其二女殉而葬之觀從謂子干曰不殺弃疾，雖得國，猶受禍也。子干曰：余不忍也。子玉曰：人將忍子（子玉，觀從），吾不忍俟也。乃行。國每夜駭曰：王入矣（相恐以靈王也）。乙卯夜，弃疾使周走而呼曰：王至矣（周，徧也。乙卯，十八日。○呼，好故反）。國人大驚。使蔓成然走告子干、子晳曰：王至矣，國人殺君司馬，將來矣（司馬，謂弃疾也。言司馬見殺，以恐子干）。君若早自圖也，可以無辱。衆怒如水火焉，不可爲謀。又有呼而走至者曰：衆至矣。二子皆自殺不書弑君。位未定也丙辰。弃疾即位。名曰熊居。葬子干于訾。實訾敖。不成君。無號謚者。楚皆謂之敖殺囚。衣之王服。而流諸漢。乃取而葬之。以靖國人。使子旗爲令尹。子旗蔓成然〇衣於旣反楚師還自徐。前年圍徐之師吴人敗諸豫章。獲其五帥。定二年。楚人伐吴。師于豫章。吴人見舟于豫章。而潛師于巢。以軍楚師於豫章。又柏舉之役。吴人舍舟于淮汭。而自豫章與楚夾漢。此皆當在江北淮水南。蓋後徙在江南豫章〇帥所類反。謂蕩侯。潘子。司馬督。嚻尹午。陵尹喜。平王封陳蔡。復遷邑。復九年所遷邑致羣賂始舉事時所貨賂施舍寬民宥罪舉職舉職脩廢官召觀從王曰唯爾所欲觀從教子干殺弃疾弃疾今召用之明枉君爲君之義對曰臣之先佐開卜乃使爲卜尹佐卜人開龜兆使枝如子躬聘于鄭且致犨櫟之田犨櫟本鄭邑楚中取之平王新立故還以賂鄭○櫟音歷事畢弗致知鄭自說服不復須賂故鄭人請曰聞諸道路將命寡君以犨櫟敢請命對曰臣未聞命既復王問犨櫟降服而對降服如今解冠也謝違命曰臣過失命未之致也王執其手曰

子母勤姑歸。不穀有事。其告子也。王善其有權。有事將復使之。他年。芋尹申亥以王柩告。乃改葬之。初。靈王卜曰。余尚得天下。尚。庶幾。不吉。投龜詬天而呼曰。是區區者而不余畀。區區。小天下。○詬呼豆反。又許后反。呼火故反。余必自取之。民患王之無厭也。故從亂如歸。初。共王無冢適。冢。大也。○厭於馬反。共音恭。適丁歷反。下同。有寵子五人。無適立焉。乃大有事于羣望。羣望。星辰山川。而祈曰。請神擇於五人者。使主社稷。

乃偏以璧見於羣望。曰。當璧而拜者。神所立也。誰敢違之。既。乃與巴姬密埋璧於大室之庭。巴姬。共王妾。大室。祖廟。使五人齊而長入拜。從長幼以次拜。○齊側皆反。長丁丈反。康王跨之。過其上也。○跨苦化反。靈王肘加焉。子干子皙皆遠之。平王弱。抱而入。再拜皆厭紐。微見璧紐。以爲審識。○肘中九反。遠于萬反。厭於甲反。又於輒反。紐女九反。識申志反。又如字。鬭韋龜屬成然焉。知其將立。故託其子。○屬音燭。且曰。弃禮違命。楚其危哉。弃立長之禮。違當璧之命。終致靈王之亂子干歸。韓宣子問於叔向曰。子干其濟乎。對曰。難。宣子曰。同惡相求。如市賈焉。何難。宣子謂弃疾親侍子干。共同好惡。故言如市賈同利以相求。○賈音古對曰。無與同好。誰與同惡。言弃疾本不與子干同好。則亦不得同惡取國有五難。有寵而無人。一也。寵須賢人而固有人而無主。二也。雖有賢人。當須內主爲應有主而無謀。三也。謀。策謀也有謀而無民。四也。民。衆有民而無德。五也。四者既備。當以德成子干在晉十三年矣。晉楚之從。不聞達者。

可謂無人晉楚之士。從子干游。皆非達人族盡親叛可謂無主無親族在楚無釁而動可謂無謀召子干時。楚未有大釁爲羈終世可謂無民終身羈客在晉。是無民亡無愛徵。可謂無德楚人無愛念之者王虐而不忌靈王暴虐。無所畏忌。將自亡楚君子干涉五難以弑舊君誰能濟之言楚借君子干以弑靈王。終無能成有楚國者其棄疾乎。君陳蔡。城外屬焉城。方城也時穿封戌既死。棄疾并領陳事苛慝不作。盜賊伏隱。私欲不違不以私欲違民事。○苛音何民無怨心。先神命之。先神謂羣望。國民信之。羋姓有亂。必季實立。楚之常也。獲神。一也。當璧拜。○羋彌爾反。有民。二也。民信之。令德。三也。無苛慝。寵貴。四也。貴妃子。居常。五也。弃疾季。有五利以去五難。誰能害之。子干之官。則右尹也。數其貴寵。則庶子也。以神所命。則又遠之。其貴亡矣。位不尊。○去起呂反。遠于萬反。亡音無。又如字。其寵弃矣。父既没故。民無懷焉。非令德。國無與焉。無內主。將何以立。宣子曰。齊桓晉文。不亦是乎皆庶賤對曰齊桓衛姬之子也有寵於僖衛姬齊僖公妾有鮑叔牙賓須無隰朋以爲輔佐有莒衛以爲外主齊桓出奔莒衛有舅氏之助有國高以爲內主國氏高氏齊上卿從善如流言其疾也下善齊肅齊嚴也肅敬也○齊音齋不藏賄清也不從欲儉也○從子用反施舍不倦施舍猶言布恩德求善不厭是以有國不亦宜乎我先君文公狐季姬之子也有寵於獻好學而不貳言篤志生十七年有士五人狐偃趙衰顛頡魏武

子。司空季子。五士從出○衰初危反從才用反有先大夫子餘子犯。以爲腹心子餘。趙衰。子犯。狐偃有魏犨賈佗以爲股肱魏犨。魏武子也。稱五人而說四士。賈佗又不在本數。蓋叔向所賢有齊宋秦。楚以爲外主齊妻以女。宋贈以馬。楚王享之。秦伯納之有欒郤狐。先以爲內主。謂欒枝。郤縠。狐突。先軫也○郤去逆反縠戶木反亡十。九年守志彌篤。惠懷弃民惠公。懷公。不恤民也民從而。與之。獻無異親。民無異望獻公之子九人。唯文公在天方。相晉。將何以代文。此二君者。異於子干。共有寵子。國有奧主。謂弃疾也。○共音恭無施於民無援於外。去晉而不送。歸楚而不逆。何以冀國。傳言子干所以蒙弑君之名。弃疾所以得國。○施式豉反晉成虒祁在八年。○虒音斯諸侯朝而歸者皆有貳心賤其奢也爲取郠故取郠在十年。○爲于僞反。郠工杏反晉將以諸侯來討。叔向曰。諸侯不可以不示威知晉德薄。欲以威服之乃竝徵會。告于吳。秋。晉侯會吳子于良下邳有良城縣水道不可。吳子辭。乃還辭不會七月丙寅。治兵于邾南。甲車四千乘（三十萬人）羊舌鮒攝司馬（鮒叔向弟也。攝兼官。）遂合諸侯于平丘。子產、子大叔相鄭伯以會。子產以幄幕九張行（幄幕，軍旅之帳。）子大叔以四十。既而悔之，每舍損焉。及會，亦如之。（亦九張也。傳言子產之適宜，大叔之從善。）次于衛地，叔鮒求貨於衛，淫芻蕘者。（欲使衛患之而致貨。○蕘，如遥反。）衛人使屠伯饋叔向羹與一篋錦（屠伯，衛大夫。）曰：「諸侯事晉，未敢攜貳，況衛在君之宇下（屋宇之下，喻近也。）而敢有異志？芻蕘者異於他日敢請之[請止之]叔向受羮反錦[受羮示不逆其意且非貨]曰晉有羊舌鮒者瀆貨無厭[瀆數也]○厭於鹽反亦將及矣[將及禍]爲此役也[役事也]子若以君命賜之其已客從之未退而禁之[禁芻蕘者]晉人將尋盟齊人不可[有貳心故]晉侯使叔向告劉獻公[獻公王卿士劉子]曰抑齊人不盟若之何對曰盟以底信也[底致也]君苟有信諸侯不貳何患焉告之以文辭董之以武師雖齊不許君庸多矣

董督也。庸功也。討之有辭。故功多也。天子之老請帥王賦。元戎十乘以先啓行。天子大夫稱老。元戎戎車在前者。啓開也。行道也。遲速唯君。欲佐晉討齊。叔向告于齊曰。諸侯求盟已在此矣。今君弗利。寡君以爲請。對曰。諸侯討貳則有尋盟。若皆用命。何盟之尋。託用命以拒晉。叔向曰。國家之敗。有事而無業。事則不經。業貢賦之業。有業而無禮。經則不序。須禮而有次序。有禮而無威。序則不共。禮須威嚴而後共。有威而不昭。共則不明威須昭告神明而後信義著不明弃共百事不終所由傾覆也信義不明則弃威。不威弃禮。無禮無經。無經無業。故百事不成是故明王之制使諸侯歲聘以志業志。識也。歲聘以脩其職業閒朝以講禮三年而一朝。正班爵之義。率長幼之序。○閒去聲再朝而會以示威六年而一會。以訓上下之則。制財用之節再會而盟以顯昭明十二年而一盟。所以昭信義也。凡八聘四朝再會。王一巡守。盟于方嶽之下志業於好聘也。○好呼報反講禮於等朝也示威於衆會也昭明於神盟也自古以來未之或失也存亡之道恒由是興晉禮主盟依先王先公舊禮主諸侯盟懼有不治奉承齊犧齊盟之犧牲○犧許宜反而布諸君求終事也終竟也君曰余必廢之何齊之有唯君圖之寡君聞命矣齊人懼對曰小國言之大國制之敢不聽從既聞命矣敬共以往遲速唯君叔向曰諸侯有閒矣閒隙也不可以不示衆八月辛未治兵習戰建而不旆建立旌旗不曳其旆旆游也壬申復旆之諸侯畏之軍將戰則旆故曳旆以恐

之。復，扶又反。邾人莒人愬于晉曰：魯朝夕伐我，幾亡矣。自昭公即位，邾魯同好，又不朝夕伐莒，無故怨愬，晉人信之，所謂讒慝弘多。我之不共，魯故之以。不共晉貢，以魯故也。晉侯不見公，使叔向來辭曰：諸侯將以甲戌盟，寡君知不得事君矣，請君無勤。託謙辭以絕魯。子服惠伯對曰：君信蠻夷之訴，蠻夷謂邾莒。以絕兄弟之國，棄周公之後，亦唯君。寡君聞命矣。叔向曰：寡君有甲車四千乘在，雖以無道行之，必可畏也。況其率道，其何敵之有？牛雖瘠，僨於豚上，其畏不死？僨，仆也。（僨）方問反。南蒯、子仲之憂，其庸可弃乎？弃猶忘也。若奉晉之衆，用諸侯之師，因邾、莒、杞、鄫之怒，四國近魯，數以小事相忿。鄫已滅，其民猶存，故并以恐魯。以討魯罪，閒其二憂，因南蒯、子仲二憂爲閒隙。何求而弗克？魯人懼，聽命。不敢與盟。甲戌，同盟于平丘，齊服也。經所以稱同。令諸侯日中造于除。除地爲壇，盟會處。（造）七報反，（壇）音善。癸酉，退朝。先盟朝晉。（先）悉薦反。子產命外僕速張於除，

（張幄幕）子大叔止之，使待明日。及夕，子產聞其未張也，使速往，乃無所張矣。（地已滿也。傳言子產每事敏於大叔。）及盟，子產爭承。（承，貢賦之次。）曰：「昔天子班貢，輕重以列，（列，位也。）列尊貢重，周之制也。（公侯地廣，故所貢者多。）卑而貢重者，甸服也。（甸服，謂天子畿內共職貢者。）鄭伯，男也，而使從公侯之貢，（言鄭國在甸服外，爵列伯子男，不應出公侯之貢。）懼弗給也，敢以爲請。諸侯靖兵，好以爲事。（靖，息也。好，呼報反。）行理之命，（行理，使人通聘問者。）無月不至。

貢之無藝（藝法制）小國有闕所以得罪也諸侯脩盟存小國也貢獻無極亡可待也存亡之制將在今矣自日中以爭至于昏晉人許之旣盟子大叔咎之曰諸侯若討其可瀆乎（瀆易也○易以豉反）子產曰晉政多門（政不出一家）貳偷之不暇何暇討（貳不壹偷苟且）國不競亦陵何國之爲（不競爭則爲人所侵陵不成爲國）公不與盟（信邾莒之訴欲討魯故）晉人執季孫意如以幕蒙之（蒙裹也）使狄人守之司

鐸射（魯大夫。○射，食亦反，又食夜反。）懷錦奉壺飲冰以蒲伏焉。守者御之，乃與之錦而入。（蒲伏，竊往飲季孫。冰，箭筩蓋，可以取飲。○奉，芳勇反。蒲，步都反，又音扶。伏，蒲北反，又音服。御，魚呂反。飲，於鴆反。筩，音童，又音勇。）晉人以平子歸，子服湫從。（湫，子服惠伯。從至晉。○湫，子小反，徐音椒。從，才用反。）子產歸，未至，聞子皮卒，哭，且曰：「吾巳，（巳猶決竟。）無爲爲善矣。唯夫子知我。」（言子皮知己之善。）仲尼謂：「子產於是行也，足以爲國基矣。《詩》曰：『樂旨君子，邦家之基。』（詩小雅。言樂與君子爲治，乃國家之基本。）子產君子之求樂者也。且曰。合諸侯。藝貢事。禮也。嫌爭競不順。故以禮明之鮮虞人聞晉師之悉起也五年傳曰。遺守四千。今甲車四千乘。故爲悉起而不警邊。且不脩備言夷狄無謀晉荀吳自著雍以上軍侵鮮虞及中人。驅衝競中山望都縣西北有中人城。驅衝車與狄爭逐大獲而歸爲十五年晉伐鮮虞起楚之滅蔡也。靈王遷許。胡。沈。道。房。申於荊焉。平王即位。既封陳蔡。而皆復之。禮也滅蔡在十一年。許。胡。沈。小國也。道。房。申。皆故諸侯。楚滅以爲邑。荊。荊山也。傳言平王得安民之禮。汝南有吳防縣。即防國隱大子之子廬歸于蔡。禮也隱大子。大子有也。廬。蔡平侯悼大子之子吳歸于陳。禮也悼大子。偃師也。吳。陳惠公冬。十月。葬蔡靈公。禮也國復成禮以葬也。此陳蔡事。傳皆言禮。嫌楚所封不得比諸侯。故明之公如晉。荀吳謂韓宣子曰。諸侯相朝。講舊好也。執其卿而朝其君。有不好焉。不如辭之。乃使士景伯辭公于河景伯。士文伯之子彌牟也。○舊好呼報反吳滅州來。令尹子旗請伐吳。王弗許。曰。吾未撫民。人未事鬼神未脩守備未定國家而用民力敗不可悔州來在吳猶在楚也子姑待之（傳言平王所以能有國）季孫猶在晉子服惠伯私於中行穆子（私與之語）曰魯事晉何以不如夷之小國魯兄弟也土地猶大所命能具若爲夷弃之使事齊楚其何瘳於晉（瘳差也○爲于僞反下同）親親與大賞共罰否所以爲盟主也子其圖之諺曰臣一主二（言一臣必有二主道不合得去事他國）吾豈無大國（言非獨晉可事）穆子

告韓宣子。且曰。楚滅陳蔡不能救。而爲夷執親。將焉用之。乃歸季孫。惠伯曰。寡君未知其罪。合諸侯而執其老。老。尊卿稱。若猶有罪。死命可也。死晉命也。若曰無罪而惠免之。諸侯不聞。是逃命也。何免之爲。請從君惠於會。欲得盟會見遺。不欲私去。宣子患之。謂叔向曰。子能歸季孫乎。對曰。不能。鮒也能。鮒。叔魚。乃使叔魚。叔魚見季孫曰。昔鮒也得罪於晉君。自歸於魯君。蓋襄二十一年坐叔虎與欒氏黨。弁得罪微武子之賜。不至於今武子。季平子祖父雖獲歸骨於晉。猶子則肉之。敢不盡情。歸子而不歸。鮒也聞諸吏。將爲子除館於西河西使近河其若之何。且泣。泣以信其言平子懼。先歸。惠伯待禮。待見遣之禮

經十有四年。春。意如至自晉。書至者。喜得免三月。曹伯滕卒。無傳。四同盟夏四月。無傳秋。葬曹武公。無傳八月。莒子去疾卒。未同盟。去起呂反冬。莒殺其公子意

恢以禍亂告。不必繫於爲卿。故雖公子亦書。意恢與亂君爲黨。故書名。惡之。○恢苦回反。惡烏路反

傳十四年。春。意如至自晉。尊晉罪已也。以舍族爲尊晉罪已。○舍音捨尊晉罪已。禮也。禮。脩已而不責人。南蒯之將叛也。盟費人。司徒老祁慮癸二人。南蒯家臣。僞癈疾。使請於南蒯曰。臣願受盟而疾興。若以君靈不死。請待間而盟。間。差也。○差初賣反許之。二子因民之欲叛也。請朝衆而盟。欲因合衆以作亂遂劫南

蒯。曰。羣臣不忘其君。君。謂季氏。畏子以及今三年聽命矣。子若弗圖。費人不忍其君。將不能畏子矣。不能復畏子。畏子以及今。絕句。子何所不逞欲。請送子。送使出奔。請期五日。南蒯請期。冀有變。遂奔齊。侍飲酒於景公。公曰。叛夫。戲之。對曰。臣欲張公室也。張。强也。子韓晳曰。齊大夫。家臣而欲張公室。罪莫大焉。言越職。司徒老祁慮癸來歸費。歸魯。齊侯使鮑文子致之。南蒯雖叛。費人不從。未專屬齊。一子逐蒯而復其舊。故經不書歸費。

齊使文子致邑。欲以假好。非事實也夏。楚子使然丹簡上國之兵於宗丘。且撫其民上國在國都之西。西方居上流。故謂之上國。宗丘。楚地分貧振窮分。與也。振。救也。○(分)如字。徐甫問反長孤幼養老疾收介特介特。單身民也。收養不使流散。○(長)丁丈反救災患宥孤寡寬其賦稅赦罪戾詰姦慝詰。責問也。○(詰)起吉反舉淹滯淹滯。有才德而未敘者禮新敘舊新。羇旅也祿勳合親勳。功也。親。九族任良物官物。事也使屈罷簡東國之兵於召陵兵在國都之東者。○(罷)音皮(召)上照反亦如之如然丹好於邊疆（結好四鄰。好，呼報反。）息民五年而後用師，禮也。秋八月，莒著丘公卒，郊公不慼。（郊公，著丘公子。○著，直居反。徐直據反。）國人弗順，欲立著丘公之弟庚與。（庚與，莒共公。○與音餘。）蒲餘侯惡公子意恢而善於庚與，（蒲餘侯，莒大夫茲夫也。意恢，莒羣公子。○惡，烏路反。下同。）郊公惡公子鐸而善於意恢。（鐸亦羣公子。）公子鐸因蒲餘侯而與之謀，曰：「爾殺意恢，我出君而納庚與。」許之。（爲下冬殺意恢傳。）楚令尹子旗有德於王，不知度。（有佐立之德與養氏比而求無厭養氏子旗之黨養由基之後○比毗志反厭於鹽反王患之九月甲午楚子殺鬬成然而滅養氏之族使鬬辛居鄖以無忘舊勳辛子旗之子鄖公辛○鄖音云冬十二月蒲餘侯茲夫殺莒公子意恢郊公奔齊公子鐸逆庚輿於齊齊隰黨公子鉏送之有賂田莒賂齊以田晉邢侯與雍子爭鄐田邢侯楚申公巫臣之子也雍子亦故楚人○鄐許六反又超六反久而無成士景伯如楚士景伯晉理官叔魚攝理攝代景伯

韓宣子命斷舊獄，罪在雍子。雍子納其女於叔魚，叔魚蔽罪邢侯。蔽，斷也。○斷，丁亂反。蔽，必世反。邢侯怒，殺叔魚與雍子於朝。宣子問其罪於叔向。叔向曰：「三人同罪，施生戮死可也。施，行罪也。雍子自知其罪，而賂以買直；鮒也鬻獄；邢侯專殺，其罪一也。已惡而掠美爲昏，掠，取也。昏，亂也。○鬻，羊六反。掠，音亮。貪以敗官爲墨，墨，不潔之稱。○敗，必邁反，又如字。殺人不忌爲賊。忌，畏也。夏書曰：『昏、墨、賊，殺。』逸書。三者皆死刑。皐陶之刑也。請從之。乃施邢侯。而尸雍子與叔魚於市。仲尼曰。叔向古之遺直也。言叔向之直。有古人遺風○施如字。孔晁注國語。尸氏反治國制刑。不隱於親。謂國之大問。已所荅當也。至於他事。則宜有隱。○當丁浪反三數叔魚之惡。不為末減。末薄也。減輕也。皆以正言之。○數色主反。又色具反曰義也夫。可謂直矣。於義未安。直則有之○夫音扶。一芳于反平丘之會。數其賄也。謂言瀆貨無厭以寬衛國。晉不為暴。歸魯季孫。稱其詐也。謂言鮒也能以寬魯國。晉不為虐。邢侯之獄。言其貪也。以正刑書。晉不爲頗。三言而除三惡。加三利。三惡。暴虐頗也。三惡除則三利加。○頗普何反殺親益榮。榮名益已。猶義也夫。三罪唯荅宣子問不可以不正。其餘則以直傷義。故重疑之

經十有五年。春。王正月。吴子夷末卒。無傳。未同盟

二月。癸酉。有事于武宮。籥入。叔弓卒。去樂卒事。略書有事。爲叔弓卒起也。武宮。魯武公廟。成六年復立之。○去起呂反夏蔡朝吴出奔鄭。朝吴不遠讒人。所以見逐。而書名六月丁巳朔

日有食之無傳秋晉荀吳帥師伐鮮虞冬公如晉

傳十五年春將禘于武公戒百官齊戒梓慎曰禘之日其有咎乎吾見赤黑之祲非祭祥也喪氛也祲妖氛也蓋見於宗廟故以爲非祭祥也氛惡氣也○祲子鴆反氛芳云反其在涖事乎涖臨也二月癸酉禘叔弓涖事籥入而卒去樂卒事禮也大臣卒故爲之去樂○去起呂反

楚費無極害朝吳之在蔡也朝吳蔡大夫有功於楚平王故

無極恐其有寵。疾害之。○費扶味反欲去之。乃謂之曰。王唯信子。故處子於蔡。子亦長矣。而在下位。辱。必求之。吾助子請。請。求上位又謂其上之人蔡人在上位者曰。王唯信吳。故處諸蔡。二三子莫之如也。而在其上。不亦難乎。弗圖。必及於難。夏。蔡人逐朝吳。朝吳出奔鄭。王怒。曰。余唯信吳。故寘諸蔡。且微吳。吾不及此。女何故去之。無極對曰。臣豈不欲吳。非不欲善吳。○於難乃旦反然而前知其爲人之異也言其多權謀吳在蔡。蔡必速飛。去吳所以翦其翼也以鳥喻也。言吳在蔡。必能使蔡速強而背楚六月乙丑。王大子壽卒周景王子秋八月戊寅。王穆后崩大子壽之母也。傳爲晉荀躒如周葬穆后起晉荀吳帥師伐鮮虞。圍鼓鼓。白狄之別。鉅鹿下曲陽縣有鼓聚鼓人或請以城叛。穆子弗許。左右曰。師徒不勤。而可以獲城。何故不爲。穆子曰。吾聞諸叔向曰。好惡不愆。民知所適。事無不濟愆。過也。適。歸也或以吾城叛。吾所甚惡

也人以城來吾獨何好焉賞所甚惡若所好何無以復加所好若其弗賞是失信也何以庇民力

能則進否則退量力而行吾不可以欲城而邇姦所喪滋多使鼓人殺叛人而繕守備圍鼓三月鼓人或請降使其民見曰猶有食色姑脩而城軍吏曰獲城而弗取勤民而頓兵何以事君穆子曰吾以事君也獲一邑而教民怠將焉用邑邑以賈怠不如完舊完猶保守○見

賢遍反　音古。下同賈賈怠無卒卒，終也棄舊不祥。鼓人能事其君，我亦能事吾君。率義不爽爽，差也好惡不愆。城可獲而民知義所知義所在也。荀吳必其能獲，故因以示義有死命而無二心，不亦可乎。鼓人告食竭力盡而後取之。克鼓而反，不戮一人，以鼓子鳶鞮歸。鳶鞮，鼓君名。○鳶悅全反鞮丁兮反冬，公如晉，平丘之會故也。平丘會，公不與盟，季孫見執。今既得免，故往謝之十二月，晉荀躒如周，葬穆后，籍談爲介。既葬，除喪，以文伯宴樽以魯壺文伯荀躒也。魯壺魯所獻壺樽。○躒力狄反王曰。伯氏諸侯皆有以鎮撫王室晉獨無有何也感魯壺而言也。鎮撫王室謂貢獻之物文伯揖籍談文伯無辭揖籍談使對對曰。諸侯之封也。皆受明器於王室謂明德之分器。○分扶問反以鎮撫其社稷故能薦彝器於王薦。獻也。彝常也。謂可常寶之器。若魯壺之屬晉居深山。戎狄之與鄰而遠於王室。王靈不及。拜戎不暇言王寵靈不見及。故數爲戎所加陵○遠于萬反。又如字其何以獻器。王曰。叔氏。

而忘諸乎叔籍談字叔父唐叔成王之母弟也其反無分乎密須之鼓與其大路文所以大蒐也密須姞姓國也在安定陰密縣文王伐之得其鼓路以蒐○蒐所求反闕鞏之甲武所以克商也闕鞏國所出鎧○鞏九勇反唐叔受之以處參虛匡有戎狄參虛實沈之次晉之分野○參所金反其後襄之二路周襄王所賜晉文公大路戎路鏚鉞秬鬯鏚斧也鉞金鉞秬黑黍鬯香酒○鏚音戚鉞音越彤弓虎賁文公受之以有南陽之田事在僖二十八年撫征東夏非分而

何夫有勳而不廢加重賞有績而載書功於策奉之以土田有南陽撫之以彝器弓鉞之屬旌之以車服襄之二路明之以文章旌旗子孫不忘所謂福也福祚之不登叔父焉在言福祚不在叔父當在誰邪○福祚之不登叔父絕句且昔而高祖孫伯黶司晉之典籍以爲大政故曰籍氏孫伯黶晉正卿籍談九世祖○黶以斬反及辛有之二子董之晉於是乎有董史辛有周人也其二子適晉爲大史籍黶與之共董督晉典因爲董氏董狐其後女司典之後也何

故忘之。籍談不能對。賓出，王曰：「籍父其無後乎！數典而忘其祖。」（忘祖業。○女音汝。數，色主反。）籍談歸，以告叔向。叔向曰：「王其不終乎！吾聞之，所樂必卒焉。今王樂憂，若卒以憂，不可謂終。王一歲而有三年之喪二焉，（天子絕期，唯服三年。故后雖期，通謂之三年喪。○期，居其反。）於是乎以喪賓宴，又求彝器，樂憂甚矣，且非禮也。彝器之來，嘉功之由，非由喪也。三年之喪，雖貴遂服，禮也。（天子諸侯除喪，當在卒哭。今王既葬而除。故譏其不遂王雖弗遂宴樂以早亦非禮也言今雖不能遂服。猶當靜嘿。而便宴樂。又失禮也。○嘿亡北反禮王之大經也一動而失二禮無大經矣失二禮。謂既不遂服。又設宴樂言以考典考。成也典以志經忘經而多言舉典將焉用之爲二十二年王室亂傳

經。十有六年春齊侯伐徐楚子誘戎蠻子殺之夏公至自晉秋八月己亥晉侯夷卒未同盟九月大雩季孫意如如晉冬十月葬昭公三月

而葬。速

傳十六年。春王正月。公在晉。晉人止公。不書。諱之也。猶以取鄆故也。公爲晉人所執止。故諱不書齊侯伐徐。楚子聞蠻氏之亂也。與蠻子之無質也。質。信也質之實反。或音致使然丹誘戎蠻子嘉殺之。遂取蠻氏。既而復立其子焉。禮也。詐之。非也。立其子。禮也。河南新城縣東南有蠻城二月丙申。齊師至于蒲隧。蒲隧。徐地。下邳取慮縣東有蒲如陂。隧音遂取慮上音秋。下力居反徐人行成。徐子及郯人。莒人。會齊侯盟于蒲隧。賂以甲父之鼎。甲父。古國名。高平昌邑縣東南有甲父亭。徐人得甲父鼎以賂齊叔孫昭子曰。諸侯之無伯害哉爲小國害齊君之無道也。興師而伐遠方。會之有成而還。莫之亢也。無亢禦無伯也夫。詩曰。宗周既滅。靡所止戾。正大夫離居。莫知我肄。詩小雅。戾。定也。肄。勞也。言周舊爲天下宗。今乃衰滅。亂無息定。執政大夫離居異心。無有念民勞者也。○肄以制反其是之謂乎傳言晉之衰

三月。晉韓起聘于鄭。鄭伯享之。子產戒曰。

苟有位於朝。無有不共恪。孔張後至。立於客閒。孔張。子孔之孫。執政禦之。執政。掌位列者。禦。止也。適客後。又禦之。適縣閒。縣。樂肆。縣音懸。○客從而笑之。事畢。富子諫。富子。鄭大夫。諫子產也。曰。夫大國之人。不可不慎也。幾爲之笑而不陵我。言數見笑則必陵侮我。○幾居豈反。又音機。我皆有禮。夫猶鄙我。鄙。賤也。○夫音扶。國而無禮。何以求榮。孔張失位。吾子之恥也。子產怒曰。發命之不衷。衷。當也。○衷丁仲反。又音忠。出令之不信。刑

乾隆四十八年

之頗類纇事纇以成偏頗。○頗普多反纇如字一力對反獄之放紛放。縱也。紛。亂也。會朝之不敬謂國無禮敬之心使命之不聽下不從上命取陵於大國罷民而無功罪及而弗知。僑之恥也。孔張君之昆孫子孔之後也昆。兄也。子孔。鄭襄公兄。孔張之祖父。○罷音皮執政之嗣也子孔嘗執鄭國之政爲嗣大夫承命以使周於諸侯國人所尊諸侯所知。立於朝而祀於家卿得自立廟於家。○使所吏反有祿於國受祿邑有賦於軍軍出。卿賦百乘喪祭有職有所主受脤歸脤受脤。謂君祭以肉賜大夫。歸脤。謂大夫祭歸肉於公。皆社之戎祭也。○脤市軫反其祭在廟。已有著位。在位數世。世守其業。而忘其所僑。焉得恥之。其祭在廟。謂助君祭。○數色主反辟邪之人而皆及執政。是先王無刑罰也。言爲過謬者。自應用刑罰。○辟匹亦反子寧以他規我也。規。正也

宣子有環。其一在鄭商。玉環。同工共朴。自共爲雙宣子謁諸鄭伯。謁。請也子產弗與。曰。非官府之守器也。寡君不知。子大叔子羽謂子產曰。韓子亦無

幾求（言所求少。幾，居豈反）。晉國亦未可以貳。晉國韓子不可偷也（偷，薄也）。若屬有讒人交鬬其閒，鬼神而助之，以興其凶怒，悔之何及？吾子何愛於一環，其以取憎於大國也？盍求而與之？子產曰：吾非偷晉而有二心，將終事之，是以弗與，忠信故也。僑聞君子非無賄之難，立而無令名之患。僑聞爲國非不能事大字小之難，無禮以定其位之患。夫大國之人令於小國，而皆獲其求將何以給之一共一否爲罪滋大（滋益也○屬音燭難乃旦反又如字共音恭）大國之求無禮以斥之何饜之有吾且爲鄙邑則失位矣（不復成國）○饜於鹽反　若韓子奉命以使而求玉焉貪淫甚矣獨非罪乎出一玉以起二罪吾又失位韓子成貪將焉用之且吾以玉賈罪不亦銳乎（銳細小也○賈音古）韓子買諸賈人既成賈矣商人曰必告君大夫韓子請諸子產曰日起請夫環

執政弗義弗敢復也復重求也○成賈音嫁請夫音扶重直用反今買諸商人商人曰必以聞敢以爲請子產對曰昔我先君桓公與商人皆出自周鄭本在周畿內桓公東遷幷與商人俱庸次比耦庸用也用次更相從耦耕○比毗志反以艾殺此地斬之蓬蒿藜藋而共處之世有盟誓以相信也曰爾無我叛我無强賈無强市其物○艾魚廢反藋徒弔反强其丈反下强奪同又其良反毋或匄奪爾有利市寶賄我勿與知恃此質誓故能相保

以至于今。今吾子以好來辱。而謂敝邑強奪商人。是教敝邑背盟誓也。毋乃不可乎。吾子得玉而失諸侯。必不爲也。若大國令。而共無藝。藝法也鄭鄙邑也。亦弗爲也。不欲爲鄙邑之事僑若獻玉。不知所成。敢私布之。布。陳也韓子辭玉。曰。起不敏。敢求玉以徼二罪。敢辭之。傳言子產知禮。宣子能改過。徼古堯反夏四月。鄭六卿餞宣子於郊。餞。送行飲酒宣子曰。二三君子請皆賦。起亦以知鄭志詩言志也子齹賦野有蔓草子齹。子皮之子嬰齊也。野有蔓草。詩鄭風。取其邂逅相遇。適我願兮。○齹才何反。字林才可反。宣子曰。孺子善哉。吾有望矣君子相願。已所望也。子產賦鄭之羔裘言鄭別於唐羔裘也。取其彼己之子。舍命不渝。邦之彥兮。以美韓子。○已音記。舍音赦。又音捨。宣子曰。起不堪也不堪國之司直。子大叔賦褰裳褰裳詩曰。子惠思我。褰裳涉溱。子不我思。豈無他人。言宣子思已。將有褰裳之志。如不我思。亦豈無他人。宣子曰。起在此。敢勤子至於他人乎言已今崇好在此。不復令子適他人。子大叔拜謝宣子之有鄭宣子曰。善哉。

子之言是[是褰裳]不有是事其能終乎[韓起不欲令鄭求他人。子大叔拜以荅之。所以晉鄭終善。]子游賦風雨[子游駟帶之子駟偃也。風雨詩。取其既見君子。云胡不夷。]子旗賦有女同車[子旗。公孫段之子豐施也。有女同車。取其洵美且都。愛樂宣子之志○樂音洛。又五孝反]子柳賦蘀兮[子柳。印段之子印癸也。蘀兮詩。取其倡予和女。言宣子倡。已將和從之○蘀他洛反]宣子喜曰鄭其庶乎[庶幾於興盛]二三君子以君命貺起賦不出鄭志[六詩皆鄭風。故曰。不出鄭志]皆昵燕好也[昵。親也。賦不出其國。以示親好○昵女乙反]二三君子數世之主也。可以無懼矣。宣子皆獻馬焉。而賦我將。我將，詩頌。取其日靖四方。我其夙夜。畏天之威。言志在靖亂。畏懼天威。子產拜。使五卿皆拜。曰吾子靖亂。敢不拜德。宣子私覿於子產以玉與馬。曰子命起舍夫玉。是賜我玉而免吾死也。敢不藉手以拜。以玉馬藉手拜謝。公至自晉。晉聽公歸。子服昭伯語季平子。昭伯，惠伯之子子服回也。隨公從晉還。曰晉之公室其將遂卑矣。君幼弱。六卿彊而奢傲。將因是以習。習實爲常能無卑乎平子曰爾幼惡識國昭伯尚少平子不信其言○惡烏路反秋八月晉昭公卒爲下平子如晉葬起九月大雩旱也鄭大旱使屠擊祝款豎柎有事於桑山三子鄭大夫有事祭也○柎音附又方于反斬其木不雨子産曰有事于山蓺山林也蓺養護令繁殖○蓺音藝而斬其木其罪大矣奪之官邑冬十月季平子如晉葬昭公平子曰子服回之言猶信自往見之乃信回言子服氏有子哉有賢子也

經十有七年。春。小邾子來朝。夏六月甲戌朔。日有食之。秋。郯子來朝。八月。晉荀吳帥師滅陸渾之戎。○渾戶門反冬。有星孛于大辰。大辰。房心尾也。妖變非常。故書。○孛音佩楚人及吳戰于長岸。吳楚兩敗。莫肯告負。故但書戰而不書敗也。長岸。楚地

傳十七年。春。小邾穆公來朝。公與之燕。季平子賦采叔。采叔。詩小雅。取其君子來朝。何錫與之。以穆公喻君子穆公賦菁菁者莪。菁菁者莪。亦詩小雅。取其既見君子。樂且有儀。以荅采叔昭

子曰：不有以國，其能久乎？（嘉其能荅賦，言其賢，故能久有國。）

夏六月甲戌朔，日有食之。祝史請所用幣。（禮：正陽之月日食，當用幣於社，故請之。）昭子曰：日有食之，天子不舉，（不舉盛饌。）伐鼓於社；（責羣陰。）諸侯用幣於社，（請上公。）伐鼓於朝，（退自責。）禮也。平子禦之，（禦，禁也。）曰：止也。唯正月朔，慝未作，日有食之，於是乎有伐鼓用幣，禮也。其餘則否。大史曰：在此月也。（正月謂建巳，正陽之月也。於周為六月，於夏為四月。慝，陰氣也。四月純陽用事，陰氣未動而侵陽，災重。故有伐鼓用幣之禮也。平子以爲六月非正月。故大史荅言在此月也。○正音政曰過分而未至過春分而未夏至三辰有災三辰。日月星也。日月相侵。又犯是宿。故三辰皆爲災於是乎百官降物降物。素服君不舉。辟移時辟正寢過日食時樂奏鼓伐鼓祝用幣用幣於社史用辭用辭以自責故夏書曰。辰不集于房逸書也。集安也。房舍也。日月不安其舍則食瞽奏鼓瞽。樂師嗇夫馳。庶人走車馬曰馳。步曰走。爲救日食備也此月朔之謂也。當夏四月。謂之孟夏言此六月。當夏家之四月平子弗從。昭子退曰。夫子將有異志。不君君矣。安君之災。故曰有異志秋。郯子來朝。公與之宴。昭子問焉。曰。少皞氏鳥名官。何故也。少皞。金天氏。黃帝之子。己姓之祖也。問何故以鳥名官郯子曰。吾祖也。我知之。昔者黃帝氏以雲紀。故爲雲師而雲名。黃帝。軒轅氏。姬姓之祖也。黃帝受命有雲瑞。故以雲紀事。百官師長皆以雲爲名號。縉雲氏蓋其一官也。○縉音進炎帝氏以火紀。故爲火師而火名。炎帝。神農氏。姜姓之祖也。亦有火瑞。以火紀事名百官共工氏以水紀。故爲水師而水名。共工以諸侯霸

有九州者。在神農前。大皞後。亦受水瑞。以水名官。○共音恭

大皞氏以龍紀。故爲龍師而龍名。大皞伏犧氏。風姓之祖也。有龍瑞。故以龍命官

我高祖少皞摯之立也。鳳鳥適至。故紀於鳥。爲鳥師而鳥名。鳳鳥氏歷正也。鳳鳥知天時。故以名歷正之官

玄鳥氏司分者也。玄鳥燕也。以春分來。秋分去

伯趙氏司至者也。伯趙伯勞也。以夏至鳴。冬至止

青鳥氏司啓者也。青鳥鶬鴳也。以立春鳴。立夏止。○鶬音倉。鴳於諫反

丹鳥氏司閉者也。丹鳥鷩雉也。以立秋來。立冬去。入大水爲蜃。上四鳥。皆歷正之屬官。○鷩必滅反。蜃市軫

反祝鳩氏司徒也祝鳩。鷦鳩也。鷦鳩孝故爲司徒主教民。○鷦音焦鴡鳩氏司馬也鴡鳩。王鴡也。鷙而有別。故爲司馬主法制。○鴡七徐反鷙音至鳲鳩氏司空也鳲鳩。鴶鵴也。鳲鳩平均。故爲司空平水土。○鴶簡八反。又音吉鵴居六反爽鳩氏司寇也爽鳩。鷹也。鷙。故爲司寇主盜賊鶻鳩氏司事也鶻鳩。鶻鵰也。春來冬去。故爲司事五鳩鳩民者也鳩。聚也。治民上聚。故以鳩爲名五雉爲五工正五雉。雉有五種。西方曰鷷雉。東方曰鶅雉。南方曰翟雉。北方曰鵗雉。伊洛之南曰翬雉。○種章勇反鷷音存。又音遵鶅側其反翟音狄。又如字鵗香衣反翬許韋反利器用正度量夷民者也。夷平也。量音亮。九扈爲九農正扈有九種也。春扈鳻鶞。夏扈竊玄。秋扈竊藍。冬扈竊黃。棘扈竊丹。行扈唶唶。宵扈嘖嘖。桑扈竊脂。老扈鷃鷃。以九扈爲九農之號。各隨其宜。以教民事。○扈音戶。鳻扶云反。鶞勑倫反。唶側百反。又助額反。嘖音責。又音嘖扈民無淫者也扈止也。止民使不淫放自顓頊以來。不能紀遠。乃紀於近。爲民師而命以民事。則不能故也顓頊氏代少皞者。德不能致遠瑞。而以民事命官仲尼聞之。見於郯子而學之於是仲尼年二十八既而告人曰。吾聞之。天子失官。學在四夷。猶信失官。

言不脩其職也。傳言聖人無常師　晉侯使屠蒯如周請有事於雒與三塗屠蒯，晉侯之膳宰也。以忠諫見進。雒，雒水也。三塗，山名。在陸渾南。○蒯苦怪反　萇弘謂劉子曰：客容猛，非祭也，其伐戎乎。陸渾氏甚睦於楚，必是故也，君其備之。乃警戎備警戒以備戎也。欲因晉以合勢　九月丁卯，晉荀吳帥師涉自棘津河津名　使祭史先用牲于雒。陸渾人弗知，師從之。庚午，遂滅陸渾，數之以其貳於楚也。陸渾子奔楚，其衆奔甘鹿甘鹿，周地　周大獲先警戒備故獲宣子夢文公攜荀吳而授之陸渾故使穆子帥師獻俘于文宮欲以應夢冬有星孛于大辰西及漢夏之八月辰星見在天漢西今孛星出辰西光芒東及天漢申須曰彗所以除舊布新也申須魯大夫○彗似銳反又息遂反天事恒象天道恒以象類告示人今除於火火出必布焉諸侯其有火災乎今火向伏故知當須火出乃布散爲災梓慎曰往年吾見之是其徵也徵始有形象而微也火出而見前年火出時○見賢遍反今茲火出而章必

火入而伏隨火没也其居火也久矣歷二年其與不然乎言必然也○與如字又音預火出於夏爲三月謂昏見於商爲四月於周爲五月夏數得天得天正若火作其四國當之在宋衛陳鄭乎宋大辰之虚也大辰大火宋分野○虚起居反下同陳大皞之虚也大皞居陳木火所自出鄭祝融之虚也祝融高辛氏之火正居鄭皆火房也房舍也星孛及漢漢水祥也天漢水也衛顓頊之虚也故爲帝丘衛今濮陽縣昔帝顓頊居之其城內有顓頊冢其星

爲大水衞星營室。營室。水也水。火之牡也牡。雄也其以丙子若壬午作乎。水火所以合也丙午。火。壬子。水。水火合而相薄。水少而火多。故水不勝火。○薄音博若火入而伏。必以壬午尚未知令孛星當復隨火星俱伏不。故言若。○復扶又反不過其見之月火見。周之五月鄭裨竈言於子產曰。宋。衞。陳。鄭將同日火。若我用瓘斝玉瓚。鄭必不火。瓘。珪也。斝玉爵也。瓚勺也。欲以禳火。○裨婢支反斝古雅反瓚才旦反勺上若反子產弗與以爲天災流行。非禳所息故也。爲明年宋衞陳鄭災傳吳伐楚。陽匄爲令尹卜戰不吉陽匄穆王曾孫令尹子瑕司馬子魚曰我得上流何故不吉子魚公子魴也順江而下易用勝敵○魴音房且楚故司馬令龜我請改卜令曰魴也以其屬死之楚師繼之尚大克之吉得吉兆戰于長岸子魚先死楚師繼之大敗吴師獲其乘舟餘皇餘皇舟名○乘如字又繩證反使隨人與後至者守之環而塹之及泉環周也○環如字又音患盈其隧炭陳以待命隧出入道吴公子光光諸樊子闔廬請於其衆曰喪先王

之乘舟豈唯光之罪衆亦有焉請藉取之以救死藉衆之力以取舟衆許之使長鬣者三人長鬣多髭鬚與吳人異形狀詐為楚人○鬣力輒反潛伏於舟側曰我呼餘皇則對師夜從之師吳師也○呼呼路反又如字三呼皆迭對迭更也楚人從而殺之楚師亂吳人大敗之取餘皇以歸傳言吳有謀

春秋經傳集解昭公四第二十三

舉人臣陳浭敬書

春秋卷二十三考證

十三年傳詩曰樂旨君子邦家之基註言樂與君子爲治。殿本閣本依詩作樂只而註中與字亦作只玩疏意似是但案原本凡傳所引詩樂只俱作樂旨或古本本然至樂與君子爲治意較明順今並仍原本

十五年傳吾見赤黑之祲音義祲子鴆反。案鴆當是鴆字之譌若閣本作子鴆反則爲湫字音非

王雖弗遂註言今雖不能遂服猶當靜嘿而便宴樂又失禮也。殿本閣本能遂作遂能而便作可便案

遂服謂遂竟其服非遂能之謂二字不可倒至可便宴樂尤與上下文語氣不合

十六年傳幾爲之笑而不陵我註言數見笑則心陵侮我。心　殿本監本作必案必字較心字爲妥今據改

十七年傳必火入而伏註隨火没也。没字正釋伏字言必當火入之時與火俱没他本没作行失伏字之義